BREVE HISTÓRIA
DA MODA

Denise Pollini

BREVE HISTÓRIA DA MODA

© *Copyright*, 2007, Denise Pollini
2009 – Nova edição, em conformidade com a nova ortografia.

Todos os direitos reservados.
Editora Claridade Ltda.
Av. Dom Pedro I, 840
01552-000   São Paulo   SP
Fone/fax: (11) 6168-9961
E-mail: claridade@claridade.com.br
Site: www.claridade.com.br

Preparação de originais: Flavia Okumura Bortolon
Revisão: Guilherme Laurito Summa
Capa: Antonio Kehl, sob foto de Luiz Carlos Autuori
Editoração Eletrônica: Eduardo Seiji Seki
Crédito da foto: Desfiles de Moda – Rhodia-Fenit, 1968. Grupo das seis manequins sob contrato da Rhodia.
Arte das fotos: Licínio de Almeida, fotógrafo: Luiz Carlos Autuori, desenho de Moda: Alceu Penna. Produção do Estúdio 13. Arquivo Cyro del Nero.
MANEQUINS (da esquerda para a direita): Felícia, Geórgia Quental, Janete Priolli, Ully, Marisa Urban e Mailú.
Agradecemos ao sr. Cyro del Nero, a cessão da foto de capa.

Dados para Catalogação

Pollini, Denise

   Breve história da moda/ Editora Claridade, São Paulo, 2007 / Coleção Saber de tudo
96 p.

ISBN 978-85-88386-89-1

   1. História   2. Moda   3. Autor

CDD780

Índice para catálogo sistemático:
   027   Bibliotecas gerais
   027.626   Bibliotecas para jovens
   028 – Leitura. Meios de difusão da informação

"Enfeitar-se é um ritual tão grave. A fazenda não é mero tecido, é matéria de coisa. É a esse estofo que com meu corpo eu dou corpo. Ah, como pode um simples pano ganhar tanta vida?"

Clarice Lispector, *O Ritual*, em *A Descoberta do Mundo*.

À Inêz, Wilmar e Cyro:
a quem devo tanto.

Agradeço àqueles que ajudaram diretamente
na edição deste livro:
A Nelson dos Reis, Jorge Miguel Marinho
e Anaí dos Anjos Marinho Teles, pela confiança;
A Adriana Guivo, Cyro del Nero, Fernando Gonsales,
Fernando Silveira, Fundação Armando Álvares Penteado,
e Jum Nakao, pelas imagens cedidas;
A Michael Striemer e aos alunos do curso de *História
da Moda e Joalheria* do atelier *Califórnia 120*;
A Laura de Carvalho e Cunha, Miki Watanabe, Valquíria Prates,
Maria Izabel Branco Ribeiro e aos colegas da Faap,
pela leitura e incentivo;
E especialmente a Marcela Tiboni, que acompanhou
todo o processo fazendo críticas e sugestões.

SUMÁRIO

Introdução 13
1. Moda? O que é? Desde quando existe moda?.................... 15
2. A moda do século XVI ao século XVIII 24
3. A moda do século XIX 37
4. E antes da moda, o que havia? 46
5. A moda do século XX 50
6. A Moda Contemporânea no Brasil e no mundo 83
Outras leituras, outras visões... 88
Sobre A Autora 96

Introdução

Ao realizarmos um texto que começa com o título *breve...*, o maior desafio recai sobre o que incluir e o que deixar de lado. Devido ao formato sucinto, em *Breve História da Moda* optei por refletir sobre alguns acontecimentos e conceitos que considerei mais importantes desde a segunda metade do século XIV até o início do século XXI, dando ênfase às transformações ocorridas na sociedade que repercutiram no surgimento e desenvolvimento da Moda. Entretanto, devido ao extenso período histórico, muitos exemplos brasileiros ou estrangeiros não puderam ser inseridos.

O principal objetivo deste livro é apresentar aspectos da moda e sua história de forma prática e agradável e, para isso, tomei como ponto norteador o caminho que percorri em busca de informações sobre o tema e as dificuldades que tive para compreender a abrangência, a complexidade e a importância da moda na vida contemporânea. Por este motivo, ele não foi organizado totalmente em ordem cronológica, e sim, a partir de questões ou perguntas que considerei pertinentes para analisar aspectos da História da Moda. Portanto, este pequeno livro não possui a intenção de esgotar a discussão sobre Moda, menos ainda expor uma nova teoria sobre o assunto. Possui, sim, o objetivo de desenhar as linhas gerais daquilo que vários autores apresentaram, refletir sobre alguns momentos cruciais e, para aqueles que se iniciam, apontar caminhos para futuros estudos.

1

Moda? O que é? Desde quando existe moda?

"Dizem que o amor está na moda"
"Está na moda ser ecológico"
"Feijão à moda mineira"
"A moda da cintura alta"

A palavra "moda" é utilizada em contextos tão amplos que fica difícil para aquele que deseja entender o que é moda abrir caminho no meio da enxurrada de aplicações da palavra. É claro que ao nos depararmos com estas frases diversas sabemos que **"está na moda ser ecológico"** e **"a moda da cintura alta"** são referências a aplicações diferentes do termo: na primeira frase, encontramos o uso mais geral fazendo referência àquilo que é considerado *legal* no momento presente. A segunda frase faz referência a um contexto mais específico do uso, sua aplicação ao universo do vestuário e às **mudanças** constantes no estilo deste. Mas hoje não podemos afirmar que moda é apenas o que vestimos, ela envolve comportamento, linguagem, opiniões e escolhas estéticas das mais diversas, daí o uso tão amplo da palavra. Entretanto, neste livro, com o objetivo de facilitar a análise, vamos centrar nossa discussão nas roupas e acessórios.

Quando começou a Moda?

Embora tenham sido encontradas agulhas feitas de marfim, usadas para costurar pedaços de couro, que datam de cerca de 40000 a.C., ou mesmo evidências de que o tear foi inventado há cerca de 9000 a.C., só podemos pensar em moda em tempos muito mais recentes. Ela se desenvolve em decorrência de processos históricos que se instauram no final da Idade Média (século XIV) e continuam a se desenvolver até chegar ao século XIX. E é a partir do século XIX que podemos falar de moda como a conhecemos hoje.

Por quê?

Para começar, pense em sua própria experiência com os elementos em seu guarda-roupa: você consegue datar, fazer uma linha cronológica com as roupas existentes nele? Como você determina qual roupa tem a "cara" mais antiga e qual é a mais recente?

Se você conseguiu organizá-lo desta maneira, significa que você notou as mudanças estéticas que ocorrem nas roupas com o passar do tempo. Portanto, o conceito da moda ocidental implica em uma transformação periódica das linhas, dos estilos das roupas, o que se instituiu plenamente no século XIX devido a fatores dos quais falaremos adiante.

Então, quando "surge" a moda?

O modo como as pessoas se vestiram em diferentes épocas está bastante relacionado com os aspectos sociais e culturais do período, assim, a maneira de pensar determina nossas escolhas estéticas. Veja o quadro a seguir.

Breve história da moda

A PALAVRA "MODA"
ORIGEM: No século XV, a palavra *Mode* começou a ser utilizada em francês (significando basicamente "modo"), tendo se desenvolvido a partir da palavra latina *Modus*, que fazia referência à medida agrária, e mais tarde passou a significar também "maneira de se conduzir".
PORTANTO: Este sentido de "ao modo", "à maneira", passou a designar os gostos, as preferências, como também *a maneira como as pessoas se vestiam, suas escolhas estéticas, suas opiniões e gostos do momento.*

A moda está muito mais relacionada a um conjunto de fatores, a um sistema de funcionamento social, do que especificamente às roupas, que são apenas a ponta desse *iceberg*.

"(...) A moda, em seu sentido historicamente específico, implica, para começar, a expectativa fundamentada de que as formas de vestuário dominantes irão mudar em intervalos explicitamente marcados".

Hans Ulrich Gumbrecht[1]

Este processo de mudanças começou no final da Idade Média e início da Renascença, por volta de 1350 d.C. Destacamos que, como a moda é um sistema Ocidental, neste momento estamos nos referindo especificamente a uma dinâmica que ocorre na Europa.

Mas o que aconteceu neste momento para que a cultura, a forma de pensar das pessoas se modificasse, dando início ao processo que culminaria na moda como a conhecemos?

O que aconteceu foi uma enorme mudança de pensamento:

1. O homem começou a questionar o domínio de Deus sobre a esfera das atividades humanas. Não que as pessoas deixaram

---
[1] Hans Ulrich Gumbrecht é professor no Departamento de Literatura Comparada da Universidade Stanford (E.U.A.).

de ter fé em Deus ou de frequentar as igrejas, mas começaram a separar o que era do domínio de Deus e dos homens e a valorizar a racionalidade. Portanto, a razão e a fé passaram a se distanciar e isto levou a uma outra visão da natureza e ao desenvolvimento tecnológico.

2. **A divisão rígida da sociedade entre Clero, Nobres e Plebeus começou a se diluir;** com o desenvolvimento das cidades e do comércio, a burguesia começa a prosperar, impulsionada pelo progresso tecnológico e pelo contato entre diferentes regiões. Esta prosperidade criará um contingente de pessoas com dinheiro, porém, insatisfeitas com sua escassa influência nas decisões políticas. Isto será a origem de algumas transformações sociais que culminaram, por exemplo, na Revolução Francesa, da qual falaremos mais adiante.

3. **A prosperidade e o desenvolvimento tecnológico geraram a ideia de realização pessoal** e, com isso, um dos pontos mais importantes para nossa discussão, que é o individualismo.

4. **O Individualismo:** o período moderno não seria o mesmo sem ele, e a moda também não, pois a noção de liberdade foi essencial para o desenvolvimento da sociedade moderna. O ser humano passou a ter confiança em seu poder de mudança e de decisão, pois não estava mais subordinado totalmente ao coletivo e, assim, procurou demonstrar este elemento único presente nele e em ninguém mais; não é a toa que, neste período, ocorre um intenso desenvolvimento nos retratos e os artistas assinam orgulhosamente suas obras.

E é neste contexto que o gérmen da moda floresce. Com esta nova noção de "Eu", as roupas e as escolhas estéticas passaram a retratar esta vida interior e as pessoas agora se orgulhavam de ostentar uma vestimenta ou um ornamento que refletisse seu novo modo de ser e de pensar. E assim chegamos à valorização da novidade e das mudanças.

Por que a moda muda?

Se a moda significa mudanças, o que causa estas mudanças? O que leva as pessoas a gastarem tempo, e principalmente dinheiro, aplicando-os, em uma peça de roupa que vai se tornar, logo, fora de moda? Um dos elementos apontados por pesquisadores da história da moda como causador destas mudanças é a competição social. Tal competição já estaria presente nesta sociedade do século XIV devido aos motivos enumerados acima. Ao redor da ideia de competição social, formou-se a teoria que afirma que o elemento gerador das constantes mudanças na moda é o desejo de imitação movido pela busca de distinção social.

Em 1890, Gabriel Tarde, um dos fundadores da Sociologia, lançou um livro chamado *As Leis da Imitação*[2]. Nele, o autor propunha que as "classes inferiores" imitam as "classes superiores", refletindo seu desejo de ascensão social. E esta imitação, por sua vez, geraria o princípio de que as mudanças estilísticas nas roupas seriam geradas pelo desejo das "classes superiores" de distinguirem-se das "classes inferiores".

Gilles Lipovetsky[3], filósofo francês contemporâneo, questiona este princípio como único gerador das mudanças na moda, e argumenta também a favor de outros elementos que seriam catalisadores das mudanças como, por exemplo, **o impulso de fantasia, o gosto pelas novidades, o individualismo** e **a intensa valorização do presente**, características do Ocidente a partir da segunda metade do século XIV.

As mudanças na moda, portanto, fazem parte de um sistema muito mais complexo, que pode remeter também à necessidade

---

[2] Gabriel Tarde, *Les Lois de l'imitation, étude sociologique [1890]*, Kimé, Paris, 1993.
[3] Gilles Lipovetsky, *O Império do Efêmero: a moda e seu destino nas sociedades modernas*. São Paulo: Companhia das Letras, 1989.

de mudanças como forma de negação da morte e de afirmação da vida. Sendo a mudança símbolo do que está vivo, neste contexto, seria uma maneira dos indivíduos afirmarem a força da vida sobre o temor da morte.

E como as roupas dos séculos XIV e XV demonstram esta nova mentalidade?

Embora possamos observar variações entre os diversos países europeus, as vestimentas sofreram modificações semelhantes a partir da segunda metade do século XIV, intensificando-se a partir do século XV. A partir deste período, as roupas apresentaram uma preocupação menor com questões utilitárias e enfocaram mais os aspectos ornamentais e estéticos.

Outro elemento importante a destacar é que as roupas masculinas e femininas passaram a ter seu desenho diferenciado. Até então, as vestimentas tinham basicamente a mesma estrutura para homens e mulheres, e os acessórios, penteados e detalhes é que os diferiam. E não pense que as roupas das mulheres é que ficaram mais elaboradas e complicadas! Por mais difícil que possa nos parecer observando nossa relação moderna com as roupas, durante um grande período, a começar pelo final do século XIV, as roupas masculinas foram mais exuberantes que as femininas.

A partir de meados do século XIV, as roupas femininas passaram a ser basicamente compostas de duas partes: por baixo um vestido bastante justo, e por cima um outro vestido, mais amplo, ou, como alguns autores preferem, um manto ou sobretúnica chamada *cotehardie*, que era de cor diferente daquela usada por baixo e permitia a visão de algumas partes do outro tecido, principalmente nas mangas, bastante abertas. A cintura tornou-se alta, marcada em baixo dos seios e, a partir dela, o vestido se abria tornando-se amplo e caindo em grande quantidade de

Loyset Liedet, *O Casamento de Renaud de Mantauban y Clarisse*, entre 1460 e 1478. Bibliothèque de l'Arsenal, Paris.

tecido. Durante o século XV, o decote se acentuou, resultando na valorização do colo como elemento de sedução, e os penteados femininos se tornaram cada vez mais complexos e mudaram de forma diversas vezes. No início deste século, apareceram os penteados no formato de dois cones na extremidade da cabeça (o que pareceria a nós dois chifres), e era normalmente usado com um véu por cima; este penteado constitui um maravilhoso exemplo de como, já em seu início, a moda tinha o poder de sacudir os costumes e tradições, pois recebeu ataques de diversas autoridades religiosas, sendo comparado a atributos do diabo. Consta, inclusive,

Jan Van Eyck, *Marguerite Van Eyck*, esposa do pintor, 1439. Bruges, Stedelijk Museum voor Schone Kunsten.

que o bispo de Paris prometeu indulgências a qualquer um que insultasse as mulheres que usassem este penteado[4]. Entre os chapéus, o mais utilizado tinha o formato de um longo cone afunilado; em geral, o desejo era adquirir verticalidade, puxando ao máximo os cabelos para trás, sendo que, muitas vezes, os cabelos eram raspados na linha onde nasciam para aumentar ainda mais a área da testa e aumentar a verticalidade. O século XV viu ainda a moda dos cabelos loiros, e aquelas que não o tinham por nascimento já podiam se dar ao luxo de tingi-los.

A grande transformação nas vestimentas no século XIV aconteceu nas roupas masculinas, que se tornaram curtas e justas. Os homens passaram a usar meias longas que cobriam toda a extensão das pernas, e um colete curto, estofado no peito, chamado "gibão". No início, as meias tinham as pernas separadas, fato que, segundo o historiador da moda François Boucher[5], gerou críticas quanto ao pudor. As meias foram então unidas a um único conjunto, (como as meias-calças usadas hoje pelas mulheres), mas na junção das pernas do cavalheiro ficava a braguilha, um escandaloso "triângulo" que – impossível negar – enfatizava ainda mais a dife-

---

[4] François Boucher. *A History of Costume in the West*. London: Thames and Hudson, 1997, p.200.
[5] Idem, p.195.

rença entre os sexos. Mais tarde, estas braguilhas foram acolchoadas e receberam o nome de *codpiece*. Com as pernas à mostra, os pés também foram valorizados e o uso dos sapatos pontudos virou uma verdadeira febre. Estes chegaram a ter 60 centímetros de comprimento e produziam uma ilusão visual que alongava ainda mais o comprimento das pernas (mas causavam alguns transtornos, presumo).

Neste período, os homens também usavam o *houppelande*, uma espécie de manto amplo, que era vestido sobre a cabeça e podia ser longo ou curto, sempre ajustado na cintura por um cinto.

Assim, podemos concluir que, a partir da segunda metade do século XIV, a moda refletiu uma consciência corporal maior do que em épocas anteriores, inclusive das subdivisões entre tronco e membros. Os corpos – principalmente o corpo masculino – passaram a ser evidenciados e valorizados pela nova maneira de se vestir. Ocorre a partir deste momento uma aceleração muito grande nas mudanças estéticas das roupas, movidas pelo desejo de aparentar, de imaginar, de seduzir.

A moda do século XVI ao século XVIII

Com a ascensão da burguesia, as cidades voltadas ao comércio se tornaram cada vez mais prósperas e geraram uma riqueza que alimentou o gosto pelo luxo. Os ricos comerciantes procuravam pelos privilégios antes restritos à nobreza, e podiam pagar por isso. As grandes navegações buscavam rotas para as especiarias do oriente e também outras fontes de riqueza. Nestas condições favoráveis, a moda cresceu em sofisticação e as suas mudanças se tornaram cada vez mais frequentes.

O século XVI: os Lansquenets e a moda espanhola

No século XVI, ocorreu um fato incomum para a história da moda, foi a influência de uma moda vinda de uma camada social considerada mais baixa: os *Lansquenets*. Eles eram soldados mercenários alemães que usavam uma exuberante vestimenta, composta de recortes ou tiras, através das quais um rico tecido costurado por baixo (como um forro) ficava visível. A moda dos *Lansquenets* espalhou-se por toda a Europa, e as vestimentas de ambos os sexos eram feitas com recortes ou tiras que permitiam a visão do tecido por baixo.

Entretanto, após a segunda metade do século XVI, a mais poderosa influência foi a da moda espanhola, devido principalmente à sua

Breve história da moda

prosperidade econômica, vinda das navegações e de uma situação política sólida. O estilo espanhol era caracterizado pela predominância do preto e combinava seriedade, rigidez e elegância: os tecidos negros, riquíssimos, eram muitas vezes bordados com fios em ouro e prata. Ainda durante o século XV, homens e mulheres usaram um decote horizontal, e a borda destes decotes exibia a *chemise* (ver quadro). Durante o século XVI, a sobriedade da moda espanhola definiu o fim dos decotes e o gosto pelas golas altas, mais adequadas a uma estética mais sóbria. A *chemise* continuava a ficar discretamente aparente na borda das golas e este tecido branco foi o precursor do rufo, do qual falaremos abaixo.

Atribuído a Hans Holbein, *Lansquenet*, século XVI.

▶ No século XX, a costureira Gabrielle Chanel utilizou este princípio, afirmando que a mulher deveria sempre ter um detalhe branco ao redor do rosto, para iluminá-lo.

O QUE ERA?	
Chemise	Uma espécie de camisa de tecido leve, geralmente linho, usada por homens e mulheres como proteção da vestimenta de cima (em tecido mais nobre), dos suores do corpo, visto que o banho frequente não fazia parte da cultura europeia da época.
PORTANTO: O banho era pouquíssimo frequente, inclusive acreditava-se prejudicial à saúde. Assim, trocava-se a *chemise*, pois isto era o suficiente para realizar a limpeza corporal. A cor branca da *chemise* aparente sob os decotes simbolizava a "limpeza" do usuário.	

Atribuído a Robert Peake, *Procissão da Rainha Elizabeth I*, cerca de 1600. Coleção Particular.

Farthingale circular, desenho de Ebbe Sunesen em *Knaurs Kostümbuch*, Zurique, 1954.

No século XVI, a cintura da vestimenta feminina desceu para a posição usual, no centro do corpo, e foram usados corpetes para comprimi-la, transformando muitas vezes o tronco das mulheres no formato de um cone invertido que podemos observar, por exemplo, em vários retratos da Rainha Elizabeth I da Inglaterra. Sob as saias eram usadas estruturas chamadas *farthingales*, que eram basicamente tiras de metal unidas com o objetivo de armar as saias e enfatizar ainda mais o efeito da cintura estreita. Havia também o chamado *farthingale circular*, que consistia em um "rolo estofado" amarrado ao redor da cintura. No quesito calçado, o século XVI teve um dos mais extravagantes exemplos: os *chapins*, que eram um tipo de tamanco e que podia medir até cerca de 50 cm de altura, e, dizia-se, era usado para manter a dama (e seu vestido) acima da sujeira e da lama das ruas. Porém, tais tamancos eram tão ricamente decorados que é estranho que tenham sido destinados somente a andar sobre a lama, e, acredita-se, seu objetivo secreto era aumentar a altura da usuária.

Os homens continuavam a usar o gibão que era aberto na frente na região da braguilha ou *codpiece*, (que, agora acolchoada, ganhou maior destaque). A parte de baixo da vestimenta masculina era composta por meias e um calção até os joelhos, este calção era muitas vezes feito de um forro estofado coberto por tiras à moda das *lansquenets*. Um elemento muito importante na vestimenta masculina do período eram as capas, usadas sobre os ombros e ricamente decoradas. O historiador da moda James Laver[6], cita que o homem elegante usava três capas: uma para manhã, outra para a tarde e outra para a noite. Os sapatos masculinos, que foram pontudos até 1480, passaram a ter bicos largos como que em oposição à estética do período anterior, e o chapéu mais usado pelos homens era uma espécie de boina, quase sempre decorada com plumas.

Chapines venezianas de cerca de 50 cm, século XVI. Fotografia do *Museo Correr di Veneziani*.

Os rufos e as "golas caídas"

O rufo começou a ser utilizado no final do século XVI, quando tomou a forma de um colar feito em tecido engomado e plissado, sendo amarrado

Jacob Seisenegger, *Charles Quint*, 1532. Vienne, Kunsthistorisches Museum.

---

[6] James Laver. *A Roupa e a Moda*. São Paulo: Companhia das Letras, 1993, p. 99.

ao redor do pescoço. Sua origem remonta às *chemises* usadas sob as golas. No traje feminino, sofreu um desenvolvimento paralelo, tornando-se uma gola alta em renda engomada que saía da abertura do decote (que também pode ser observada no retrato da Rainha Elizabeth I da Inglaterra).

Com o tempo, os rufos cresceram em tamanho, principalmente na Holanda[7], que continuou a usá-lo até muito depois que os outros países europeus. O rufo é um bom exemplo da tendência da moda do período, trazendo uma nova postura corporal a seus usuários, pois todo o cotidiano estava determinado pela relação entre o corpo, a vestimenta e o nível social, e cada vez mais as vestimentas dos mais ricos traziam a seguinte mensagem subentendida: "eu não preciso exercer trabalho nenhum". A complexidade

Frans Hals, *Retrato de uma família em paisagem*, cerca de 1620. Bridgnorth Shropshire, Coleção Viscount Boyle.

---

[7] Na Holanda, chegaram ao exagero, atingindo em suas extremidades, mais do que a distância entre um ombro e outro.

destas vestimentas impossibilitava (e anunciava a impossibilidade) da realização de trabalhos físicos e também tornava necessário um número cada vez maior de assistentes para vestir, pentear e maquiar.

Por volta de 1630, a maior parte dos países, com exceção da Holanda, havia substituído o rufo pela gola caída. Mais confortáveis que o rufo, as chamadas "golas caídas" eram feitas de ricos tecidos ou rendas aplicadas nas golas das roupas, e eram tão amplas a ponto de cobrir os ombros. Estas golas foram usadas até as últimas décadas do século XVII.

As rendas, as fitas e os babados do século XVII

Se a moda durante o século XVI esteve sob a influência espanhola, no século XVII ela passou ao domínio da França que, graças aos esforços do rei francês Luís XIV (conhecido como o Rei Sol) e de seu Primeiro Ministro, Jean-Baptiste Colbert, tornou-se, a partir de então, referência principal quando o assunto é moda. Este domínio se estendeu quase inalterado até meados do século XX.

"Sob o reinado de Luís XIV, as palavras moda e francês tornaram-se finalmente sinônimos".

Gertrud Lehnert[8]

O século XVII foi marcado pelo absolutismo, a centralização do poder em torno da figura do rei. Neste século, os códigos de conduta social aumentaram e a vida das aparências foi enfatizada. O gosto pelas fitas e laços tornou-se extravagante e esteve presente em abundância nas vestimentas. Por isso, percebendo que os franceses gastavam muito dinheiro na importação de rendas e fitas, o habilidoso Colbert ordenou que fosse desenvolvida sua manufatura na França. Assim, nascia a renda *Alençon*, nomeada em homenagem à cidade francesa onde foi criada.

---

[8] Gertrud Lehnert. *Fashion: a concise history.* London: Laurence King, 1998 p. 69.

Ainda com a intenção de espalhar a moda francesa pelo mundo, o Rei Luís XIV enviou uma série de bonecas pelas cortes europeias. Estas bonecas eram vestidas com a última moda francesa e serviram como as primeiras "campanhas de moda" de que se tem notícia.

Na segunda metade do século XVII, uma das mais extravagantes vestimentas masculinas esteve em uso: eram os "calções-saiotes", também chamados de *Rhinegrave*.[9] Mas o que eram os "calções-saiotes"? Como o nome já indica, eram calções extremamente amplos, que contavam com a aplicação de uma incrível quantidade de fitas dependuradas, o que lhe dava a aparência de uma saia. O visual excessivo era completado por um colete justo (que substituiu o antigo gibão e recebeu o nome de *vest*), do qual a camisa bufante saltava, e, ainda, perucas compridas e sapatos com um pequeno salto, decorados com fivelas ou laços. Estes calções-saiotes foram usados por volta de 1675, quando foram substituídos por calções justos que iam até os joelhos.

Entre 1662 e 1666, uma veste de origem militar começou a ser usada na corte: era um casaco longo e chamava-se *justaucorps*, que, como o nome indica, era um casaco ajustado ao corpo que ia até a altura do joelho. A invenção do

Jan van Noordt, *Jovem Lorde*, 1665. Lyons Museum, fotografia de Bulloz.

---

[9] Este nome deve-se provavelmente às palavras "Rhein" (Reno, rio que corta região da França e da Alemanha) e "graf", que, em alemão, designa "conde". Assim, o mais provável inventor desta moda masculina foi o Conde de Salm (Rhinegrave von Salm), chamado Karl Florentin.

justaucorps é ainda bastante disputada entre a França e a Inglaterra, pois, em 1662, Luís XIV concedeu uma permissão especial para que alguns parentes usassem uma roupa igual a sua – o *justaucorps*. Enquanto que, outra parte, afirma que o primeiro a usar a túnica justa ao corpo foi o rei inglês Carlos II, com a intenção de trocar a extravagante moda francesa por roupas mais simples.

Neste período, a moda feminina não passou por tão grandes transformações quanto a masculina. As mulheres usavam uma saia ampla e um corpete justo e estruturado que terminava em forma de "V" sobre o ventre e era ricamente ornamentado por rendas, babados e laços. Por cima, era utilizado o *manteau*, um manto aberto na frente que deixava visível a saia e o corpete. A maior excentricidade na moda feminina acontecia nos penteados, que sofreram numerosas transformações ao longo do século, sendo que o mais popular deles foi o *fontange*, penteado que foi inventado durante uma caçada, na qual a amante do Rei Luís XIV, a duquesa de la Fontanges, se despenteou, tendo seu cabelo amarrado por uma liga. Estes penteados do final do século combinavam fitas, laços e rendas, sendo muitas vezes utilizados cabelos postiços para incrementar o volume, chegando a alcançar mais de 20 cm de altura sobre a cabeça.

O século XVIII

Desde a Renascença, a Europa seguiu um caminho firmado a partir da investigação científica e da razão. Este movimento se intensificou a partir do século XVIII, com os filósofos iluministas, que lutaram contra superstições a favor de princípios científicos e acreditavam que a miséria do povo deveria ser solucionada por meio de ações políticas sob a responsabilidade do governante. Lentamente, as ideias de filósofos tais como Rosseau, Voltaire, Diderot e Montesquieu, alicerçaram os princípios que culminaram na Revolução Francesa.

O século XVIII também marcou o início de uma mudança na concepção de moda, pois, a partir de então, a moda feminina ultrapassou a moda masculina em exuberância (tendência esta que seria reforçada nos séculos seguintes). Neste período, portanto, é que se estabeleceu o pensamento de que "moda é coisa para mulheres". Também neste século, por volta de 1770, foram desenvolvidas as primeiras revistas de moda.

Para as mulheres, a vestimenta mais ampla, iniciada com o uso do *manteau*, no final do século XVII, evoluiu no início do século seguinte para os vestidos amplos chamados "vestidos saco", ou "vestido de Watteau", ou, ainda, "prega de Watteau". Eles foram assim chamados devido ao fato do pintor francês Jean-Antoine Watteau (1684-1721) ter prestado especial atenção a esse detalhe da vestimenta feminina em suas pinturas. Os corpetes ainda eram usados, mas o resultado geral era mais folgado, e da linha posterior da gola saíam pregas que formavam quase uma cauda e o deixavam bastante volumoso. Mas a propensão à complexidade e ao volume na vestimenta feminina ainda encontraria seu exemplo mais extremo nas *panniers*. Elas eram estruturas de metal para armar as saias, certamente um reavivamento das *farthingales* do século XVI, e seu nome (*pannier*) derivou de sua aparência, que se assemelhava a uma cesta de pão. Elas começaram a ser utilizadas na França por volta de 1718 e estiveram em voga até a Revolução

Detalhe de pintura de Jean-Antoine Watteau, *A exibição de Gersaint*, 1720. Schloss Charlottenburg, Berlim.

Francesa. No decorrer do século, aumentaram vertiginosamente na largura e, de fato, tornaram-se tão largas a ponto de tornar im-

Breve história da moda

possível que duas mulheres andassem uma ao lado da outra ou sentassem no mesmo sofá, chegando a influenciar as linhas do mobiliário e da arquitetura. Por volta de 1780, foi a vez dos penteados aumentarem assombrosamente. Eles eram construídos sobre a cabeça da mulher com armações e diversos elementos que muitas vezes representavam barquinhos, flores ou cenas temáticas. Estes penteados podiam atingir mais de um metro de altura.

Retrato de Maria Antonieta, 1779-1789. Coleção do Museu do Louvre.

Enquanto a vestimenta feminina aumentava em complexidade, as roupas masculinas seguiam o caminho inverso e eram compostas basicamente de casaco (o *justaucorps*), colete e calções. O luxo destas peças apresentava-se justamente na riqueza dos tecidos empregados, o casaco ainda era ajustado na cintura e depois se abria, e os calções foram justos como nunca antes. Por dentro do casaco, usava-se um colete cujas costas eram feitas de tecidos mais simples, como o colete dos ternos masculinos atuais.

No final do século, em 1789, a Revolução Francesa mudou

Desenho de Ebbe Sunesen em Knaurs Kostümbuch, Zurique, 1954.

não somente a política, mas também a moda. Embora a Revolução tenha acontecido na França, suas reverberações atingiram a Europa e outras partes do mundo.

Por que a Revolução Francesa mudou a História da Moda?

A Revolução Francesa desferiu o golpe final em um movimento que há séculos estava em curso: o fim do sistema de governo regido pelo Monarca com privilégios restritos à nobreza. Isso estabeleceu de vez a ascensão da burguesia. Com a Revolução Francesa, a burguesia conquistou finalmente uma forma de governo participativa e com isso seus interesses de desenvolvimento e prosperidade estavam garantidos.

Os revolucionários franceses se autodenominaram os *sans--culottes* (sem culotes), em oposição à aristocracia. *Culotte* era o nome dos calções usados pelos aristocratas, portanto, ser um *san--culotte* significava estar excluído das decisões políticas e dos privilégios restritos a poucos. Uma peça de roupa se transformara em um símbolo, congregando elementos históricos, sociais e revolucionários, e denunciando os absurdos privilégios da nobreza.

A Revolução Francesa alterou totalmente o panorama da moda. Vestir-se com luxo e ostentação durante um período se tornou sinônimo de associação com o regime deposto (o que não era nem um pouco desejável). A Inglaterra, que desde antes da Revolução Francesa era admirada devido a seus posicionamentos políticos vistos como liberais, tornou-se exemplo de moda a ser seguida. Embora o luxo da corte francesa tivesse tomado toda a Europa desde o século XVII, os ingleses adotavam uma versão menos exuberante da moda francesa, principalmente no que diz respeito à moda masculina. Neste momento, portanto, é a França que se volta à Inglaterra e esta influencia a moda.

Os calções masculinos gradualmente foram abandonados e as calças como as conhecemos modernamente começaram a ser utilizadas, sendo que, nos primeiros anos do século XIX, elas eram incrivelmente justas. O traje era completado por botas, um colete curto, o casaco justo e um grande lenço amarrado ao pescoço.

Na vestimenta feminina é que ocorreu o mais curioso movimento: além da Inglaterra como inspiração libertária, o exemplo da Grécia, primeira democracia da história, entrou em voga, e a Grécia clássica dos anos 500 a.C. é que ofereceu o exemplo da vestimenta a ser seguida. Não mais armações e penteados extravagantes, e sim vestidos leves de linho ou cambraia decotados com cintura alta. A ideia era justamente se assemelhar às vestimentas das esculturas gregas. Tal moda era tão inadequada ao clima europeu que muitas mulheres eram obrigadas a usar uma malha cor da pele por baixo para manterem-se aquecidas e também para manter o pudor. Esta vestimenta gerou a necessidade da criação de um dos acessórios mais destacados no guarda-roupa feminino atual: as bolsas. Sua invenção deve-se à inexistência de bolsos em vestidos tão fluídos, e as primeiras bolsas foram chamadas de *réticule*, e daí receberam o apelido de "ridícula".

Mas não foram apenas as transformações formais na moda que foram consequência maior da Revolução.

Louis-Léopold Boilly, *Alegria do dia*, cerca de 1801. Coleção do Barão Henri de Rothschild.

O mais importante a destacarmos é a profunda mudança operada nas relações entre moda e sociedade após a Revolução Francesa. Com ela, um dos mais significativos privilégios da nobreza desaparece: as leis suntuárias (suntuária: luxo, esplendor). Estas leis existiram por séculos na Europa e determinaram o que as pessoas (os não nobres) poderiam ou não vestir. Portanto, a Revolução pôs fim ao uso exclusivo das roupas. Em 29 de outubro de 1793, (nove meses após a decapitação de Luís XVI e Maria Antonieta), o Governo Revolucionário decretou que: "Nenhuma pessoa, de qualquer sexo, poderá obrigar nenhum cidadão a vestir-se de uma maneira determinada, sob a pena de ser considerada e tratada como suspeita e perseguida como perturbadora da ordem pública: cada um é livre para usar a roupa e adorno de seu sexo que deseje"[10].

Portanto, mais do que o estilo das roupas, o que mudou foi a relação de toda uma sociedade com a moda. Assim, a partir do final do século XIX, a moda não estava mais circunscrita aos recintos privados da nobreza ou às leis suntuárias, mas aberta ao uso de todos, sujeita apenas às condições econômicas de seu usuário, e este é um passo decisivo para o desenvolvimento da moda como a conhecemos.

---

[10] Decreto do Governo Revolucionário, 1793, apud MONNEYRON, 2006, p. 18.

3

A moda no século XIX

Por que o século XIX deu origem ao moderno conceito de moda?

No século XIX, ocorreram transformações que, de certa maneira, moldaram o modo como vivemos hoje. Mas, para chegarmos ao século XIX, voltaremos aos acontecimentos do século XVIII, no qual, além da **Revolução Francesa,** uma outra revolução também em curso seria determinante para o desenvolvimento da Moda: a **Revolução Industrial**.

Em 1767, James Hargreaves inventou uma fiandeira mecânica que fiava vários fios de uma só vez, utilizando energia humana; e, em 1785, Edmund Cartwright desenvolveu o tear mecânico. Somente estas duas invenções já teriam sido suficientes para alterar a relação das pessoas com as roupas, pois, por meio delas, a produção de tecidos ficou muito mais rápida, a disponibilidade de tecidos aumentou e estes ficaram mais baratos.

A industrialização levou ao crescimento cada vez maior da classe média nos séculos XVIII e XIX, e ao desenvolvimento de uma ética da classe média determinada pela:

– Exaltação do trabalho como forma de virtude;
– Ênfase no materialismo e no individualismo.

"(...) no século XIX, quando a democracia acaba de anular os privilégios de sangue, que a moda se espalha por todas as camadas e a competição, ferindo-se a todos os momentos, na rua, no passeio, nas visitas, nas estações de água, acelera a variação dos estilos, que mudam em espaços de tempo cada vez mais breves"[11].

O século XIX começou, portanto, como um novo Renascimento. O conceito de rapidez, de velocidade, se instalava, e as maneiras de pensar, de vestir e de se divertir se modificavam. Estava pronta a fórmula para o florescimento da moda como a conhecemos: os bens de consumo, principalmente o vestuário, passam a ter uma produção muito mais rápida e barata; ao mesmo tempo, a burguesia encontrava na moda um dos elementos de ostentação desta prosperidade e de exercício de seu desejo pelas novidades estéticas.

A Alta Costura

Neste contexto, surge aquilo que transformou os destinos da História da Moda: a Alta Costura.

Até este momento, as roupas eram confeccionadas por profissionais vistos apenas como artesões, embora alguns tenham atingido grande prestígio, como, por exemplo, Rose Bertin, que, no século XVIII, era costureira da Rainha Maria Antonieta. Entretanto, mesmo alcançando algum prestígio, estes profissionais executavam o que seus clientes lhes solicitavam. A Alta Costura surgiu quando o profissional responsável pela execução das roupas passou, então, a realizar seu trabalho de acordo com sua própria concepção de elegância.

---

[11] Gilda de Melo e Souza, *O espírito das Roupas: a moda no século dezenove*. São Paulo, Companhia das Letras, 1987, p. 21.

Breve história da moda

Entretanto, o inventor da Alta Costura ainda não era chamado de estilista. Neste período, o profissional que realizava as roupas dos cavalheiros era o alfaiate, e as costureiras (*couturières*) faziam as roupas femininas. O termo *couturier* (costureiro) foi inventado para ele. Este homem é **Charles Frederick Worth.** O fenômeno que ele operou foi conseguir deixar de ser visto como um "artesão qualificado" para tomar a posição de um artista cuja visão de mundo merecia ser respeitada, adorada... e seguida!

Modelo da *Casa Worth*, de 1888.
The Museum of the City of New York.

QUEM FOI?	QUANDO? e COMO?
Charles Frederick Worth (1825-1895)	Nascido na Inglaterra, Worth foi para Paris e abriu sua própria casa (*Maison*) em 1858. A revolução instituída por Worth pode ser resumida em quatro pontos: 1. Foi o primeiro a assinar as roupas concebidas por ele. 2. Worth se colocava perante suas criações não como um artesão, mas como um artista. 3. Foi o primeiro a estabelecer mudanças periódicas em suas criações. 4. Foi um dos primeiros a exibir suas roupas em manequins de carne e osso, então chamadas de *sósias*, dando início também a profissão de modelo.

> **PORTANTO:** Ao assinar suas roupas, Worth se negou a ser visto como um mero artesão, abrindo caminho para o posterior desenvolvimento do estilista. Também, ao estabelecer um calendário, com o intuito de apresentar seus novos modelos, ele contribuiu com o estabelecimento da moda com mudanças preestabelecidas.

Neste período, as roupas eram realizadas sob medida, as roupas prontas se limitavam às poucas peças que podiam ser padronizadas. Os mais afortunados procuravam os profissionais especializados, os mais pobres produziam suas roupas em casa. O principal diferencial inserido por Worth foi que suas clientes não mais determinavam o vestido que ele deveria realizar, mas ele é que determinava o que elas deveriam vestir. Além disso, para ser vestida por Worth, uma mulher deveria ser apresentada por uma cliente já estabelecida (e ele chegou a recusar várias clientes). Em suma: fez com que se tornasse um privilégio para uma mulher ser vestida por ele. E essa mudança fez toda a diferença, abrindo caminho ao profissional que dita e aconselha o que é elegante, apropriado, enfim, o que está na moda.

"Depois de um longo período sob a vontade dos príncipes, o estilista passou a ser o príncipe"[12].

E como as mulheres e os homens estavam se vestindo naquele momento?

Por volta de 1850, passada a moda da "simplicidade" pós-Revolução, as roupas voltaram a uma estética exuberante (especificamente as roupas femininas) marcada pela crinolina, que era uma série de arcos de metal que armavam as saias, deixando-as enormemente rodadas. Com o passar dos anos, a crinolina tornou-se cada vez maior e a mulher ocupava um espaço muito superior ao tamanho de seu corpo real. Não foram poucos os acidentes

---
[12] Frédéric Monneyron. *50 Respuestas Sobre la Moda*. Barcelona: Editorial Gustavo Gili, 2005, p. 06.

Breve história da moda

George Cruikshank, Desenho de sátira à Crinolina, O Almanaque Cômico, 1850.

causados pelo desajeitado tamanho que as saias adquiriam e também as sátiras às situações ridículas causadas por seu uso.

É creditado a Worth a mudança na silhueta feminina, após 1865, com a ênfase agora na parte de trás dos vestidos. Assim, deu-se início o império das anquinhas, que eram recheios ou mesmo complicados babados colocados sob as saias para enfatizar o volume na parte de trás. Porém, assim como a crinolina, também as anquinhas davam ao corpo feminino uma forma completamente afastada do contorno natural.

Vestidos de noite, cerca de 1879. *Fashion Plate, Le Follet.*

Na virada do século XIX para o século XX, a anquinha diminuiu e a silhueta desejada tinha o formato de uma ampulheta: os seios e os quadris eram valorizados devido à compressão da cintura à custa do espartilho e o desenho dos vestidos, portanto, era justo ao corpo. A estética era a de mulheres delicadas, femininas, com atributos sensuais, mas de uma sensualidade apenas sugerida, já que a exigência social era a de uma mulher casta, coberta da cabeça aos pés.

Os homens vestiam-se de maneira bem diferente, e a moda masculina tinha definitivamente tomado o caminho da austeridade. Composta por colete, casaco e calças, normalmente feitas de cores escuras, principalmente o preto[13], a mensagem dada pelas vestimentas masculinas era a de que seu usuário era um homem sério, cujas preocupações ultrapassavam a "frivolidade" da moda.

Por que a moda dos homens e das mulheres era tão diferente?

Entre vários fatores, tal evidência na diferenciação entre os sexos se devia ao desenvolvimento da burguesia e seus valores e ao princípio das *Leis de Imitação*. O homem, estando destinado ao trabalho, ostentaria valores "sérios" e "racionais" em sua própria vestimenta e faria, então, uso de sua esposa para o jogo da ostentação. Portanto, se observarmos a moda feminina do período, veremos que esta se tornou complicadíssima, muitas vezes restringindo a liberdade de movimentação da mulher. Ela se tornara um bibelô, uma belíssima boneca que apresenta à sociedade a prosperidade de seu esposo e do ambiente que frequenta.[14]

"É preciso, portanto, começar a fazer da mulher um ser nãotrabalhador, mas puramente estético. Esta é a condição mais certa de progresso".

Jules Laforgue[15]

---

[13] Sobre a história do preto na vestimenta masculina leia: HARVEY, John. *Homens de Preto*. São Paulo: Editora Unesp, 2004.
[14] O dramaturgo norueguês Henrik Johan Ibsen (1828-1906) escreveu, em 1879, a peça "A Casa de Bonecas", cujo enredo procura expor os valores burgueses e especificamente o regime alienado ao qual as mulheres estavam confinadas no período.
[15] Poeta, nascido no Uruguai em 1860, ainda criança mudou-se com seus pais para a França onde passou praticamente toda a sua vida. Morreu em Paris, em 1887.

O Dandismo

O que é o dândi? E o Dandismo? Durante muito tempo, os dândis foram vistos como homens que se dedicavam obsessivamente a vestir-se bem. Sim, de certa maneira, é isto, porém, é muito mais: o domínio do dândi vai muito além de suas roupas, e o escritor francês Jules D'Aurevilly (também um dândi) disse que alguém pode sê-lo vestindo apenas farrapos. Embora alguns autores localizem a história do Dandismo desde o século XVII, classificando como os primeiros exemplos o Rei Carlos II da Inglaterra, e, no século XVIII, Giacomo Casanova, o dândi é, por excelência, um resultado da relação da sociedade do século XIX com as roupas.

É bastante coerente para o estudo da moda que o Dandismo tenha tomado forma no século XIX, momento em que as roupas passaram a ter uma nova participação na sociedade. Pois um dândi é aquele que constitui uma outra aristocracia, não mais baseada no nascimento, na origem nobre, mas sim na escolha sofisticada dos trajes e em todo o universo estético que o cerca.

QUEM FOI?	QUANDO? e COMO?
George Bryan "Beau" Brummell (1778-1840)	O conhecido como "o primeiro dândi". Devido a seu apurado senso estético, Brummell se tornou o mais temido árbitro da elegância de sua época. Uma palavra sua significava a glória ou a ruína social. Algumas histórias contam que o próprio príncipe regente inglês chorou ao ter seu casaco desaprovado por ele.
PORTANTO: Um dândi pode ser reconhecido pelas roupas com corte impecável que traja, pois, para ele, vestir-se significa a busca pela perfeição. É possível que o amor pelas roupas, que muitas vezes o define, seja apenas um dos efeitos de seu amor à sua própria biografia e a tudo o que lhe pareça único, refinado e especial.	

O futuro do Dandismo

Com o século XX, a moda e a sociedade de consumo se mesclaram e uma nova noção de elegância e de masculinidade pouco a pouco se formou. Durante os anos 1960, Andy Warholl foi uma espécie de profeta dândi e, com suas aparições extremamente calculadas e a construção de sua biografia com o mesmo cuidado da elaboração de um mito, ele abriu caminho para uma nova concepção de Dandismo. Com o desenvolvimento da cultura de moda, o Dandismo adentrou o século XXI com enorme força e está presente hoje nas ruas. Visite qualquer capital do mundo, observe as ruas e verá que ele prospera, e a cada dia cresce uma nova aristocracia que, semelhantemente ao início do século XIX, se faz pelo refinamento e sofisticação. A partir da mistura entre arte, moda e consumo, é que foi pavimentado o caminho dos novos dândis do século XXI. Mas, embora imbuídos de novos valores, estes novos dândis continuam a buscar o mesmo que seu predecessor Brummell: apenas o melhor.

Robert Dighton, *George Bryan 'Beau' Brummell*, 1805.

O século XIX e as teorias sobre a moda

Assim como o século XIX deu início à nossa relação contemporânea com as roupas, também nele apareceram as primeiras teorias sobre moda, e os escritores passam a prestar mais atenção à sua importância em nossa sociedade. Além do já citado Gabriel Tarde, ainda no século XIX, outros estudos se dedicaram a refletir sobre a relação da sociedade com a moda. Assim, em 1830, o Honoré de Balzac publicou seu *Tratado da Vida Elegante*, no qual comenta o Dandismo de Brummell e observa aproximações entre a moda e a arquitetura; em 1845, Jules Barbey d'Aurevilly escreveu sobre o Dandismo em *Du Dandysme et de George Brummell*; em 1863, Charles Baudelaire escreveu *O Pintor da Vida Moderna*, no qual discorre sobre o conteúdo revolucionário inerente ao Dandismo; em 1853, Thomas Carlyle publicou *Sartor Resartus*, no qual realiza uma reflexão sobre a importância da moda na vida social do século XIX; e, finalmente, em 1899, Thorstein Veblen publicou um dos mais influentes estudos sobre o assunto, o *Teoria da Classe Ociosa*. Veblen foi um economista norte-americano que via a moda como "a expressão da cultura do dinheiro". Em seu livro, ele cunhou o termo "desperdício ostensivo", e fala sobre a condição da mulher no século XIX: uma vitrine que demonstra esteticamente o sucesso econômico de seu marido.

4 E antes da moda, o que havia?

Fernando Gonsales, *Níquel Náusea*. Coleção Fernando Gonsales.

"Eles deviam pôr datas de validade nas peças para que soubéssemos quando elas estão fora de moda".

Garry Shandling[16]

Em uma outra sociedade ou em outro tempo, a frase acima não teria o menor sentido. Se as roupas não se alteram em intervalos regulares, e se isso não afeta a sociedade em graus diversos, não haveria esta moda da qual estamos tratando. Por isso, se você pesquisar o que as pessoas vestiam, ou mesmo a mudança nos estilos de roupas no decorrer de diversos séculos, você encontrará, muitas vezes, as palavras **costume**, **vestimenta** ou **fato**, que

---

[16] Nascido em 1949, Garry Shandling é um comediante americano.

fazem referência ao que era vestido pelas pessoas que viveram em determinada época, região ou ocasião. Você ainda pode encontrar a palavra **indumentária**, com o mesmo sentido, embora hoje esta seja, junto à palavra **figurino**, mais utilizada no contexto de trajes para o teatro, cinema e TV.

Entretanto, antes da moda, as mudanças na maneira de se vestir se alteravam sim, dependendo da região e da época. Mas é importante salientar que tais alterações aconteciam sem que se esperasse por elas; e ainda, as roupas tinham uma profunda ligação com a tradição, sem a ênfase em conceitos como o novo ou a personalidade individual.

Os costumes, por muitos séculos, foram regidos por princípios simbólicos, ligados também a elementos advindos de uma rígida hierarquia de grupo. Por exemplo, no ano 300 a.C. um decreto chinês determinava que: "ninguém, mesmo que próspero e honrado, ouse usar uma roupa que não seja a de sua classe social"[17]. Deste modo, as cores e tecidos específicos eram destinados a determinadas posições na organização social, e as leis suntuárias regiam e regulamentavam seu uso. Portanto, mesmo que alguém tivesse condições econômicas para se vestir como o Imperador, ele não poderia fazê-lo porque o uso de determinados tecidos e cores eram restritos. Por exemplo, no Império Bizantino, por volta do século X d.C., o uso da cor púrpura era restrita àqueles que pertenciam à família imperial.

As roupas tradicionais

Ainda hoje algumas sociedades possuem uma relação diversa com as roupas, que assumem papel simbólico e místico. Esta relação remonta a organização ancestral da comunidade e as vestimentas desempenharam um papel importante no desenvolvimento dos grupos humanos que partilhavam de origens religiosas, referências

---
[17] *O Livro de Guanzi*, 300 a.C., apud NEWMAN, 2001, p. 43.

geográficas e linguísticas semelhantes. Os trajes eram a manifestação dessa herança comum e serviam para identificar aqueles que pertenciam a um mesmo grupo e, ainda, diferenciá-los de grupos estranhos ou rivais. As roupas podiam também indicar a qual família determinada pessoa pertencia e até identificar se alguém possuía poderes sobrenaturais.

Um bom exemplo da função das roupas nas sociedades tradicionais pode ser demonstrado pela crença corrente no Império Inca, por volta do século XIII d.C., de que a maior vergonha que alguém poderia passar era a de ser despido em público. Por isso, tal ato era praticado nos inimigos, pois despir alguém era despi-lo de sua identidade, era arrancá-lo do grupo ao qual pertencia e privá-lo daquilo que lhe dava identidade e força.

O uso do termo "vestimenta tradicional", ou "traje tradicional" faz referência à estreita relação entre essas e os valores das sociedades a

Costume tradicional da ilha de Karpathos, Grécia.
Fotografia realizada no século XX.

que estão inseridas. Por possuir uma dinâmica diversa daquelas das roupas no Ocidente, principalmente após o século XIV, as roupas chamadas "tradicionais" se alteram de maneira muito mais lenta e não pelos mesmos motivos que a moda Ocidental.

> "A seda é a roupa sagrada. É o que você veste se deseja tocar deus".
>
> *Chhotalal Salvi*

No exemplo de Chhotalal Salvi, mestre na técnica de tecelagem tradicional indiana, o uso da seda se deve a motivos religiosos e/ou de devoção. A seda, neste contexto, não é utilizada por "estar na moda", mas por um princípio de tradição que ultrapassa o momento e a escolha puramente individual ou estética.

Os costumes tradicionais podem também exercer a função de afirmação e de resistência cultural. Em um mundo engolido pela globalização, alguns grupos ostentam seus trajes para afirmar sua origem e seus valores. No início do século XX, Mahatma Gandhi nos ofereceu um exemplo emocionante de uso das roupas como forma de resistência cultural em seu movimento pela libertação da Índia. Neste momento, a Índia era uma colônia britânica, e Gandhi, sendo um advogado, portanto, desempenhando uma profissão "Ocidental", deveria se vestir segundo a moda Ocidental, o que significava vestir-se com tecidos ingleses, segundo modelos da moda europeia do início dos anos 1920. Em uma atitude de resistência pacífica, Gandhi passou a vestir o traje tradicional hindu e este ato serviu como valorização da manufatura têxtil da Índia, que se enfraquecia perante o poderio têxtil inglês, e também como defesa das tradições de seu país, naquele momento sob o governo inglês.

5
A moda no século XX

Se o século XIX assistiu ao surgimento da moda como a conhecemos, é no decorrer do século XX que esta passará pelas mais intensas transformações, pavimentando o caminho da nossa relação contemporânea com a Moda. O século XX assistiu a mudanças, guerras e revoluções como nunca se havia visto antes, e as roupas, que acompanham o pensamento humano, também mudaram. O século XX é a história de como a moda, que antes era expressão e ocupação apenas de um seleto grupo, explode em suas barreiras e torna-se de todos.

Neste capítulo, nossa intenção é apresentar as profundas transformações ocorridas na moda, por meio de uma análise das mudanças culturais e sociais que a influenciaram, e, ainda, apresentar vestimentas que marcaram a história da moda e reverberaram na sociedade como um todo. Desde Worth, no final do século XIX, o papel do costureiro, que no decorrer do século XX passou a ser chamado de estilista, assumiu enorme destaque, muitas vezes aglutinando em suas criações a estética de um período. Deste modo, neste capítulo destacaremos alguns costureiros ou estilistas emblemáticos de cada década.

O início do século XX e as vanguardas

O início do século assistiu a uma sucessão de vanguardas que mudaram o modo como a arte e o artista eram vistos pela sociedade e também a percepção estética do período. O *Cubismo*, o *Surrealismo* e o *Dadaísmo* foram apenas alguns entre muitos movimentos renovadores da arte.

E se no início do século XX a Europa vivia uma intensa transformação de valores e costumes, ninguém mais do que **Paul Poiret** soube enxergar o que esta nova época desejava em matéria de vestimenta.

QUEM FOI?	QUANDO? e COMO?
Paul Poiret (1879-1944)	Com apenas 24 anos, Poiret abriu sua própria *Maison*. Inspirado pelos Balés Russos[18] e pela atmosfera Oriental, realizou roupas que mudaram a silhueta feminina e a História da Moda. Em 1906, um vestido marcou a nova silhueta, não mais apertada, espremida pelo espartilho. Poiret ficou conhecido por liberar as mulheres desse incômodo acessório. Para a mulher que precisava usar todos os dias o apertado espartilho, foi uma revolução.
PORTANTO: Quase trinta anos depois, Poiret escreveu sua autobiografia "Vestindo Uma Época", e, embora possa soar prepotente, possui seu fundo de verdade, pois ninguém mais do que ele refletiu o espírito dos primeiros anos do século XX.	

---

[18] Companhia de Sergei Diaghilev. Chegaram em Paris em 1909, trazendo um sopro de vitalidade, exotismo e cores. Eles uniram artistas vanguardistas como, por exemplo, o bailarino Nijinsky, o coreógrafo Fokine, os compositores Debussy e Stravinsky. A cenografia e os figurinos eram realizados por artistas como Picasso, Leon Bakst, Natalia Goncharova e Nikolai Roerich.

Denise Pollini

Agora, ao invés de espartilho, a mulher podia usar ligas e soutiens:

(...)"Todas as senhoras que sentem a escravatura dos seus vestidos que passaram de moda... devem rejubilar a partir de hoje com a libertação... se quiserem cobrir e manifestar sua beleza simultaneamente, podem usar os vestidos modernos e encantadores com os quais Poiret as presenteia".

Poiret, apud SEELING, 1999, p. 27.

A partir de 1910, inspirado pelos Balés Russos, Poiret voltou-se ao exotismo. Seus trajes saíam de narrativas das mil e uma noites em uma profusão de turbantes, brocados, véus e calças turcas. Em 1911, realizou o suntuoso baile de máscaras batizado de "Milésima Segunda Noite". Lançou perfume com seu nome (o primeiro a fazê-lo), e abriu atelier em sociedade com o artista plástico Raul Dufy.

Também em 1910, Poiret inventou as saias *jupe entravée* (saia entravada), elas eram largas no quadril, mas se afunilavam no tornozelo. Tais saias se afunilavam tanto que impediam as mulheres de dar passos normais, talvez por isso, as tais saias não tenham sido um sucesso, pois, uma vez liberadas do espartilho, as mulheres já não podiam tolerar tal cerceamento de liberdade e ninguém mais do que Gabrielle Chanel sabia disso.

Paul Poiret, *Vestido Abajur*, cerca de 1912. Hulton Archive/Getty Images, London.

Os anos 20

Após o final da Primeira Guerra Mundial (1914-1918), ocorreu na Europa o fenômeno da leveza e da celebração da vida. Pois este espírito foi tão forte durante anos 20, que estes ficaram conhecidos como os "Anos Loucos". Durante a Primeira Guerra, as mulheres tiveram que assumir diversos trabalhos que antes eram exclusivamente desempenhados por homens, o que impulsionou de certa forma uma nova postura da mulher. E, ainda, o Jazz, o Charleston[19] e as novas descobertas científicas (que encorajavam a prática de esportes e passeios ao ar livre) contribuíram para, de repente, a moda dar um pulo: subitamente, a silhueta mudou, o cabelo mudou, a altura das saias mudou, os costumes mudaram. Foi um período de retumbante liberdade, e, para as mulheres, uma redescoberta: a silhueta passou a ser tubular, e a cintura, os quadris e os seios não eram mais evidenciados, ao contrário, eram utilizadas cintas e malhas que "igualavam" a silhueta.

Em 1922, o escritor Victor Margueritte lançou o romance *La Garçonne* (*A Rapariga*), na qual a personagem principal era uma mulher que usava roupas consideradas "de homem", como gravata e paletó, e ainda usava cabelos curtos e ostentava uma sexualidade liberada, considerada devassa para os padrões morais da época. Foi o bastante para o nome pegar, e *garçonne* passou a ser o epíteto da nova mulher liberada.

As calças e a liberação feminina

Elemento que hoje parece indispensável ao guarda-roupa feminino, as calças só passaram a ser usadas livremente pelas mulheres após a segunda metade do século XX. Ainda no auge da Primeira Guerra, com a participação das mulheres no esforço de guerra, os costumes relativos ao que uma mulher deveria e poderia usar

---

[19] Dança que marcou a década de 1920. Nela, os passos são feitos com o balanço dos joelhos para dentro e para fora.

se flexibilizaram e as calças foram liberadas para as mulheres. Entretanto o que era liberado para o uso no trabalho não era bem visto socialmente e exigia-se que, em outras ocasiões, que não a do trabalho, as mulheres usassem saias.

O "ESCÂNDALO" DAS CALÇAS PARA MULHERES	
O QUÊ?	QUANDO? e COMO?
Bloomer	Em 1851, Amélia Bloomer sugeriu um traje mais racional para as mulheres. O modelo proposto previa saia abaixo dos joelhos e, por baixo, uma calça larga, presa nos tornozelos. Bloomer e sua invenção foram amplamente ridicularizadas. Entretanto, nada mais forte do que uma ideia cujo tempo chegou e, na virada do século XIX para o século XX, as saias bifurcadas (uma espécie de calça) foram adotadas por várias mulheres que abraçaram a prática do ciclismo.
No Brasil	Em 1911, uma mulher no Rio de Janeiro foi vaiada e agredida por ter saído às ruas com uma saia-calça.
Nos anos 60	Em 1966, Yves Saint Laurent causou escândalo com seu smoking feminino, e alguns restaurantes parisienses barraram as mulheres que usavam este traje.

Durante a Guerra, a moda dirigiu-se a roupas práticas: muitos bolsos, roupas fluídas com cintos de amarrar. As roupas que exigiam trato e lavagens difíceis foram suprimidas, a roupa feminina em voga era a mais simples possível, composta por casacos soltos, amarrados na cintura e os cardigãs de tricô. E, na ponta desta mudança para a simplicidade, estava **Gabrielle "Coco" Chanel**.

▶ **Teste:** Em uma rua movimentada da cidade, pergunte a dez pessoas o nome de um costureiro(a) ou estilista de moda, e provavelmente sete a oito entre elas responderão: **Chanel**.

Breve história da moda

QUEM FOI?	QUANDO? e COMO?
Gabrielle "Coco" Chanel (1883-1971)	Em 1910, Chanel trabalhava em uma loja de chapéus, e, em 1912, abriu sua própria loja. Em 1916, começou a realizar roupas em um tecido que até então era utilizado apenas em lingerie, o jérsei, que possuía o caimento simples e fluído que ela desejava.
PORTANTO: Chanel estava inserida de tal maneira em seu tempo que ela própria foi sua melhor modelo. O que ela vestia, dizia e fazia era moda, e, com o objetivo de enfatizar sua personalidade, tornou célebre suas frases provocativas de uma escancarada sinceridade: "o ato de maior coragem é pensar por si mesmo: permita-se", ou ainda: "uma mulher só precisa de duas coisas: um vestido preto e um homem que a ame".		

Chanel sem dúvida apresentava o estilo certo para sua época, e sabia identificar em si o que as mulheres desejavam. Em depoimento, ela declarou que não seguiu a moda, ela estava na moda.

"O look Chanel consiste em afirmar, por meio de linhas muitas vezes reduzidas à sua mais simples expressão, que a maneira de usar uma roupa é infinitamente mais importante do que o que se usa"[20].

Em 1921, Chanel lançou seu perfume, e embora Poiret o tenha

Gabrielle Chanel, 1928.

---
[20] François Baudot. *Chanel*. São Paulo: Cosac & Naif, 1999, p. 09.

feito antes, Chanel foi a primeira a ter um perfume que leva seu nome, o "Chanel Nº 5". Desde suas primeiras criações, ela soube identificar na mulher uma nova postura, sendo ela mesma exemplo desta mudança, pois soube conquistar uma independência incomum para os padrões da época e, por meio de sua própria biografia, anunciou as transformações pelas quais as mulheres iriam passar ao longo do século XX.

Os anos 30

A década de 1920 mal havia terminado e um acontecimento de ordem econômica e social viria abalar fortemente a moda: a crise da Bolsa de Nova York, em 1929. Os "Anos Loucos" terminariam, portanto, de maneira bastante abrupta. Não era mais possível manter o clima de festa adotado durante a década anterior. O dinheiro sumira do mercado e, com isso, o humor se tornara mais sombrio e a moda também. Em tempos difíceis, a tendência é adotar padrões mais conservadores e, se a moda da década de 1920 transformava as mulheres em crianças, pois os contornos do corpo eram suprimidos e o próprio nome *La Garçonne* fazia alusão a uma criança, agora, em tempos de recessão, o mundo precisava de mulheres e homens maduros, capazes de enfrentar as adversidades. Com isso, a silhueta feminina se alterou completamente em relação à década anterior: os ombros foram enfatizados e a cintura voltou à posição original.

Mas, mesmo em se tratando de tempos de recessão, a década deu vazão a um dos mais importantes e excêntricos talentos que a moda conheceu: **Elsa Schiaparelli**.

QUEM FOI?	QUANDO? e COMO?
Elsa Schiaparelli (1890-1973)	Schiaparelli vinha de uma família aristocrática italiana, estudou filosofia e tinha profundo interesse pelas vanguardas das Artes Plásticas. Seu interesse pelas artes fez com que abrisse

Breve história da moda

uma nova dimensão na história da moda: a dimensão conceitual. Além disso, Schiaparelli foi a primeira a conceber coleções temáticas, tendência ainda mantida pelos estilistas.

PORTANTO: Estilistas como John Gallliano e Jean Paul Gautier, devem muito a ela, e, de certa maneira, todos os estilistas contemporâneos, visto que Schiaparelli abriu o caminho para a moda-espetáculo e a moda-conceito.

Schiaparelli fez uso de ideias cubistas e principalmente surrealistas em seus desenhos, expandindo as fronteiras do que subentende-se por arte e o que subentende-se por moda. As discussões geradas pelo Surrealismo serviram de maneira exemplar às criações de Schiaparelli, que teve a colaboração dos mais destacados vanguardistas da época, entre eles Salvador Dalí, que realizou para ela desenhos de chapéus, e cuja obra inspirou modelos tais como o "Vestido Escrivaninha", de 1936.

Os anos 40

Em setembro de 1939, a Alemanha invadiu a Polônia e, no mesmo ano, a Grã-Bretanha e a França declararam Guerra à Alemanha e aos países do eixo. Em junho de 1940, as forças alemãs ocuparam Paris quando foi assinado um armistício e implementado o governo que ficaria conhecido como "Governo de Vichy". A partir 1941, praticamente todos os gêneros alimentícios passavam por racionamento. De acordo com o tratado de armistício, a França deveria oferecer matérias-primas para a

Elsa Schiaparelli, desenho para o *Vestido Escrivaninha*, 1936/37. Coleção do *Musée de la Mode et du Textile*, Palais du Louvre, Paris.

fabricação de vestuário, sapatos e acessórios do exército. Assim, grande parte do fornecimento de matérias-primas era destinado às necessidades de guerra, gerando uma escassez que não poderia deixar de influenciar a moda: a lã era destinada à produção de uniformes; a seda e o *nylon*, à produção de paraquedas; e o couro, à produção de botas e acessórios para os soldados.

A escassez e a criatividade

Tradicionalmente, as meias femininas eram feitas de seda e, devido à escassez e à proibição do uso deste material, houve uma imensa demonstração de criatividade, sendo lançada então a:

"Seda em suas pernas sem meia de seda"

Que podia ser encontrada nas cores "Carne", "Carne Dourada" e "Carne Escura". Tratava--se de uma tinta com a qual as mulheres pintavam a perna para criar a ilusão de que estavam usando meias. Até a linha da costura na parte de trás das pernas (característica das meias da época), era imitada.

Além disso, devido à escassez, os chapéus passaram a ser feitos em materiais alternativos, como jornal e celofane, e os sapatos passaram a ter sua sola feita de madeira ou cortiça. Ainda devido ao racionamento do couro, a largura dos cintos foi limitada e, para driblar a escassez, muitos cintos foram feitos em papel trançado.

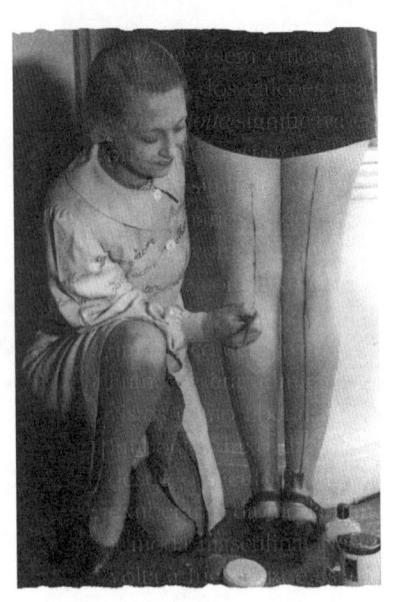

Pintura da risca da meia, anos 40. Hulton Getty/Tony Stone.

As regras para o vestuário

Em 1941, entrou em voga o "Cartão do Vestuário", que determinava a quantidade de roupas que os franceses podiam consumir, por meio de cupons. Depois, seguiu-se o regulamento do desenho das roupas, com o objetivo de economia da metragem de tecido. No vestuário feminino, o número de pregas e botões foi limitado; as saias iam até a altura do joelho e deveriam ser justas, nada de saias rodadas. No vestuário masculino, os paletós não podiam mais ser trespassados, as calças só podiam ter um bolso e as barras italianas foram proibidas.

A moda como resistência e afirmação de identidade

Embora tenha sempre sido vista como assunto frívolo e elitista, as iniciativas feitas durante a Segunda Guerra demonstram como a moda pode ser elemento de resistência e de afirmação de identidade. Especificamente no exemplo da França, o centro da moda mundial que se vê, de repente, sob dominação estrangeira, o esforço e a criatividade dos franceses significou uma mensagem aos invasores: a de que ninguém podia tirar do país o bom gosto e a elegância, e que a vida continuava, apesar da ocupação. Durante este período, a moda deu mais uma demonstração de que se trata de assunto muito além do frívolo, que pode ser, além de tudo, símbolo de resistência diante da adversidade.[21]

O New Look

Em 1947, em uma Europa que se recuperava dos difíceis anos de Guerra, surgiu a coleção de Christian Dior. Inicialmente, a coleção

---

[21] Um exemplo pontual e comovente foi dado pela estilista Madame Grès, que, durante a ocupação de Paris, apresentou uma coleção inspirada na bandeira francesa e teve sua casa de alta costura fechada por um período.

tinha duas linhas estilísticas e havia sido batizada de "Corole" e "8", mas ficou mundialmente e historicamente conhecida pelo apelido *"New Look"*, dado por Carmel Snow, editora-chefe da revista *Harper's Bazaar*.

> "Elegância é bom gosto mais uma pitada de ousadia".
>
> *Carmel Snow*

QUEM FOI?	QUANDO? e COMO?
Christian Dior (1905-1957)	Filho de um rico industrial, que em 1929 perdera tudo com a quebra da Bolsa de Nova York, Dior passou a viver de seus desenhos de moda e de chapéus feitos para revistas. Em 1947, Marcell Boussac, um industrial têxtil, patrocinou a abertura de sua *Maison* e *Dior* apresentou sua primeira coleção.

Após anos de racionamento severo na França, com os modelos sendo inclusive determinados em seu estilo de corte, os modelos apresentados por Dior foram a extravagância, a vivacidade, a feminilidade, a elegância, enfim, o oxigênio que todos ansiavam.

Tudo na coleção de Dior era contrário à silhueta, durante a Guerra:

1. **Saias:** eram amplas, geralmente pregueadas ou drapeadas, o que aumentava incrivelmente a quantidade de tecido utilizado.
2. **Quantidade de tecido:** durante a Guerra, as saias eram feitas com até 68 cm de tecido. O *New Look* exigia algo entre 10 a 25 metros e, em alguns casos, chegou a ser utilizado por volta de 80 metros para a confecção de um único vestido! Tamanho esbanjamento provocou acaloradas discussões e protestos.
3. **Luvas e chapéus:** imprescindíveis ao novo *look*, toda a construção desta nova elegância pedia acessórios que encareciam ainda mais o vestuário daquele que desejasse estar na moda.

Breve história da moda

4. **Os sapatos:** em nada lembravam os sapatos pesados dos tempos de guerra. A partir de 1953, o designer Roger Vivier trabalhou para Dior realizando desenhos de sapatos que se adequassem à visão de elegância do estilista.

A polêmica Dior

Desde seu lançamento, o *New Look* foi motivo de polêmica e, como um pouco de protestos e discussões, sempre foi bom para os negócios. Elas ajudaram Dior a se tornar o mais influente estilista do mundo, de 1947 até 1957, ano de sua morte.

Traje da Coleção "New Look" de Christian Dior, 1947. Fotografia de Willy Maywald.

▶ "O New Look é machista":

Alguns grupos acusaram Dior de promover um retrocesso: retirar da mulher as liberdades conquistadas durante os anos 20, 30 e 40, fazendo com que estas voltassem a utilizar cintas, anáguas, barbatanas e luvas, elementos característicos da moda do século XIX, com seu machismo e suas mulheres-boneca. Chanel declarou que Dior "não veste as mulheres; estofa-as".

▶ "O New Look é um desperdício insensível às condições do pós-Guerra":

Nos Estados Unidos, foram organizados clubes contra o *New Look*, e em Paris mulheres fizeram piquete na frente da *Maison Dior*.

Entretanto, tamanha controvérsia só veio a provar que o estilo tocava em um ponto sensível aos desejos, anseios e temores da sociedade do final da década de 1940, e o *New Look* foi uma verdadeira febre, sendo refeito e servindo de inspiração para revisões no mundo todo, inclusive no Brasil.

Os anos 50

Em 1947, os E.U.A. lançaram o Plano Marshall, um programa para a recuperação da economia e reconstrução da Europa do pós--Guerra, com o objetivo de ampliar sua área de influência em um mundo polarizado entre um bloco capitalista e um bloco comunista, respectivamente liderados pelos E.U.A., e pela U.R.S.S. Os anos 50 foram anos de euforia para grande parte do mundo. Os Estados Unidos começavam a exportar seu *American Way of Life* e o desenvolvimento tecnológico resultante da Segunda Guerra possibilitou inovações que transformaram o cotidiano das pessoas. Neste mundo transformado pela experiência da Guerra, um elemento se torna crucial para a definição da cultura e da moda na década: é o elemento jovem. A juventude se tornou, então, modelo de comportamento, e teve independência e voz própria.

A transformação dos costumes e o *Rock 'n Roll*: temas antes proibidos passam a ser abordados no cinema, na música, na literatura e nas artes em geral. Em 1953, o filme *A um Passo da Eternidade*, com Burt Lancaster e Deborah Kerr, apresentou um beijo na praia que causou escândalo devido à intimidade nunca antes retratada no cinema. Em 1954, o grupo *Bill Haley and The Comets* gravaram a música *Rock Around the Clock*, que estourou nas paradas de sucesso após sua inclusão na trilha sonora do filme *Sementes da Violência*: era o início do *Rock 'n Roll*.

Consumo, eletrodomésticos, carros e televisão: o mundo se viu inundado por aparelhos concebidos para facilitar, dinamizar e otimizar o dia a dia. Batedeiras, liquidificadores, carros, torradeiras elétricas... e muitos outros artefatos que ajudaram a

Breve história da moda

redefinir o cotidiano. Entre estes, a televisão[22] alterou a rotina das pessoas e se inseriu rapidamente na dinâmica da sociedade de consumo, sendo prontamente utilizada em seu potencial comercial.

O jeans e a camiseta branca: na década de 1950, o cinema se consolida como força que faz e lança moda. Filmes como *Juventude Transviada, O Selvagem da Motocicleta* e *Um Bonde Chamado Desejo*, transformaram os atores James Dean e Marlon Brando em ícones da juventude. Seu uniforme: o jeans e a camiseta branca. Antes utilizados por trabalhadores, o jeans e a camiseta branca foram o símbolo da rebeldia que se iniciava nos anos 50. Rebeldia contra o quê? Contra uma sociedade que se mantinha arraigada em valores morais, sociais, padrões de trabalho e sucesso que não mais correspondiam aos anseios dessa juventude. Portanto, a partir desta década, ocorre o fenômeno da juventude e o conceito de vestimenta informal se consolida e transforma a moda para sempre.

Fernando Gonsales, *Níquel Náusea*. Coleção Fernando Gonsales.

O nascimento do Prêt-à-Porter

A Europa se ergueu após a Segunda Guerra, mas o eixo de poder havia sido alterado e, embora na Alta Costura francesa conseguisse reconquistar sua posição de líder, os Estados Unidos tinham agora uma sólida indústria de *Prêt-à-Porter* e uma tradição em roupas esportivas.

---

[22] No Brasil, a televisão entrou no ar no dia 3 de abril de 1950.

O *Prêt-à-Porter*, ou, para os americanos, o *ready-to-wear* pode ser traduzido simplesmente por "pronto a vestir". São as roupas prontas em tamanhos convencionados que encontramos hoje nas lojas, e, embora existam grandes variações em relação aos moldes, qualidade da fatura e tecidos, a quase totalidade do mercado de roupas hoje no mundo é dominada pelo *Prêt-à-Porter*.

Portanto, os anos 50 foram a última década de reinado absoluto da estética advinda da Alta Costura, pois a partir da década seguinte a cultura de massa e as transformações urbanas pavimentaram o caminho das roupas informais. As *maisons*, então, concentraram sua atenção no pronto-a-vestir que hoje determina a maior parte do lucro dos grandes conglomerados de moda. A Alta Costura propriamente dita significa uma pequena porcentagem do lucro, cujo maior montante é proveniente do *Prêt-à-Porter*, dos perfumes e licenciamentos em geral. Hoje, com a intensa globalização da moda, podemos encontrar um mesmo modelo sendo vendido em uma grife de luxo, e um modelo parecido sendo comercializado em um estabelecimento muito mais popular. A roupa em tamanho padronizado, acessível a todos, produziu a grande revolução da moda no século XX.

Balenciaga: o arquiteto da Alta Costura

A partir da década de 1960, o reinado da Alta Costura começou a entrar em declínio. Mas, durante a década de 1950, os conceitos de elegância ainda eram em grande parte provenientes da Alta Costura realizada em Paris. E foi Cristobal Balenciaga quem operou uma importante mudança na maneira de conceber e fazer Alta Costura nos anos 50.

"O que Balenciaga criou não é apenas um estilo, mas também uma técnica. Ele foi o arquiteto da Alta Costura".

Hubert de Givenchy

"Balenciaga fundou o futuro da Moda".

Cecil Beaton

"Balenciaga é o Papa".

Dener Pamplona de Abreu

Breve história da moda

QUEM FOI?	QUANDO? e COMO?
Cristobal Balenciaga (1895-1972)	O estilista espanhol Cristobal Balenciaga trabalhou desde cedo com moda, acompanhando os trabalhos de sua mãe, modista no interior da Espanha. Aos 24 anos, abriu sua própria *Maison* e, em 1936, já possuía ateliês em Guetaria, Madri e Barcelona. Devido à Guerra Civil Espanhola, mudou-se para Paris. Lá, em 1937, abriu outra *Maison*.
PORTANTO: Balenciaga, de certa forma, redefiniu a realização de um vestido e o conceito de elegância que para ele estava nos trajes de uma simplicidade aparente, porém, de uma fatura aprimorada, complicadíssima, possível devido ao seu extenso treinamento na alfaiataria.	

Balenciaga tratou seu ofício como um artista e construiu suas roupas como um arquiteto. Nessa construção, criava formas fantásticas, estruturadas por meio de tecidos escolhidos e cortados especialmente para produzir determinados efeitos. Ele também foi o mestre da ilusão, valorizando novas partes do corpo feminino e, com isso, criando uma nova sensualidade.

"Já não existe mais ninguém para vestir".

Em 1968, Balenciaga fechou sua *Maison* proferindo esta frase. Ele estava certo em sua análise, pois os tempos haviam mudado e a moda nos anos 60 incorporava elementos das ruas a ponto de colocar a Alta Costura em xeque-mate.

Balenciaga, *Robe Ballon*, 1950.

Denise Pollini

BALENCIAGA INTEMPORAL
Em 1997, o francês Nicholas Ghesquière assumiu a *Maison* Balenciaga e adotou uma visão atualizada dos conceitos do estilista, presente em sua coleção apresentada em março de 2006. Mas não é apenas o chefe da atual *Maison Balenciaga* que se inspirou no mestre espanhol. A lista é bem grande, passando pelo estilista inglês Alexander McQueen, e os brasileiros Marcelo Sommer e Lorenzo Merlino, que também trabalharam alguns de seus conceitos em suas coleções.

No Brasil...

Fotografia de desfile promovido pela Fábrica de Tecidos Bangu, década de 1960. Coleção da autora.

Algumas *casas* realizavam roupas para ocasiões especiais ou mesmo elegantes conjuntos mais informais. Contudo, a moda do período no país seguia em grande parte os padrões de elegância internacional, principalmente a moda francesa. Uma das casas de maior sucesso durante os anos 50 foi a *Casa Canadá*, que vestiu as mulheres mais elegantes do Rio de Janeiro durante praticamente toda a década. Uma das silhuetas que inspirou seus modelos foi o *New Look*. Os desenhistas da Casa Canadá realizaram desenhos seguindo a mesma silhueta, mas já com tentativas de inserção de elementos nacionais, principalmente nos tecidos e nos detalhes bordados com motivos de flores locais.

No final da década de 1950, começaram a ser realizados desfiles (que se estenderam pela década de 1960), promovidos pelas fábricas de tecidos que se instalaram no país, como, por exemplo, aqueles realizados pela Fábrica de Tecidos Bangu.

O trabalho do ilustrador Alceu Penna, da revista *O Cruzeiro* (que tinha a maior circulação nacional no período), se tornou símbolo da juventude dos anos 50. Desenhista de grande talento, Alceu soube captar o espírito de leveza e celebração que o país atravessava e sua seção semanal: "As Garotas do Alceu" apresentou não apenas informações sobre moda, mas também de comportamento, traduzindo os desejos e anseios das jovens em todo o país. Alceu Penna desenhou para *O Cruzeiro* até 1966 e, durante toda a década de 1960, participou ainda dos desfiles promovidos pela Rhodia.

Desenho de Alceu Penna, anos 60. Coleção de Cyro del Nero.

Os anos 60

A exaltação da juventude iniciada na década anterior teve ênfase ainda maior durante a década de 1960, que ficou conhecida como "a década das revoluções". Nos E.U.A., ocorreram as manifestações contra a segregação racial lideradas por Martin Luther King, contra a Guerra do Vietnã e também o movimento feminista com Betty Friedman; na França, as manifestações estudantis de 1968, e no Brasil, os movimentos contra o regime militar, a partir de 1964. No campo sexual, a pílula anticoncepcional mudou a maneira como as pessoas tratavam temas como sexo, família e relacionamento afetivo. A moda teria agora de levar em conta a cultura jovem e a cultura das ruas, deveria ser acessível e transmitir os valores da liberação sexual e de uma nova alegria de viver.

Londres, neste período, congregava tudo o que havia de mais novo, transferindo o eixo de atenção de Paris. *Carnaby Street* era a rua onde a moda era consumida, feita e discutida, e Twiggy, a magérrima modelo inglesa com cara de menina, era o ícone do momento. Em 1964, a estilista Bárbara Hulanicki abriu a *Biba*, uma loja que traduziu maravilhosamente esse espírito. Os preços acessíveis de suas criações, aliado a um estilo em conformidade com o desejo de moda de seu tempo, fizeram com que se tornasse a loja de maior sucesso durante os anos 60.

Na França, Yves Saint Laurent inspirava-se nas vanguardas artísticas, tendo realizado o "vestido Mondrian", em 1965, e desafiado os costumes com o já citado "smoking feminino", de 1966.

Flagrante de rua de Londres na década de 1960. Fotografia coleção *Telegraph Colour Library*.

A revolução da Minissaia

Em média, para se fazer uma minissaia é necessário 40 cm de tecido. Nunca tão pouco realizou tanto, pois, se fosse necessário escolher apenas um objeto-símbolo de todas estas revoluções, talvez a minissaia seja aquela que mais coleciona atributos para tal. Ela representou a revolução dos costumes, a revolução feminina, a revolução estética... Poucos centímetros de tecido serviram como divisor de águas para a moda e para a sociedade. A autoria da minissaia é bastante discutida, os estilistas Mary Quant e André Courrèges disputam este título, porém, a maior parte dos pesquisadores reputa à primeira sua invenção (embora a própria Mary Quant afirme que a minissaia foi inventada nas ruas).

Mary Quant em lançamento de sua linha de calçados, 1967.
Hulton Archive/ Getty Images, London.

A moda e a Era Espacial

Os anos 60 foram também marcados pela corrida espacial, que culminou na ida do homem à lua em 1969. Quando Courrèges foi buscar a inspiração nos acontecimentos sociais mais importantes de sua época, focou sua atenção na Era Espacial. Ele chegou a pesquisar os trajes desenvolvidos para os astronautas da *Nasa* e incorporou às suas roupas o vinil brilhante e as transparências plásticas.

QUEM?	QUANDO? e COMO?
Mary Quant (1934)	Mary Quant abriu sua primeira loja em Londres, em 1955. Ela soube identificar o momento certo de uma virada na moda, que passou a se voltar definitivamente para o que se passa nas ruas e ao universo da juventude. Suas roupas eram coloridas, frenéticas, continham contrastes óticos, utilizavam novos materiais, como o PVC. Quant estendeu também seu trabalho ao design de sapatos, meias-calças, maquiagem e muitos outros produtos.

André Courrèges (1923)	Durante a década de 1950, Courrèges foi assistente de Balenciaga, quando aprendeu a execução minuciosa das roupas, coerente com sua primeira formação, a de engenheiro civil. Entretanto, embora Courrèges adotasse a construção arquitetônica das roupas, optou por uma aproximação de sua época que o diferenciaria do estilista espanhol. Courrèges realizou minis-saias que eram usadas com meias de lã e botas de vinil colante que anunciavam o corpo esbelto e jovem que se pedia, em formas geométricas e materiais brilhantes.

A moda no Brasil na década de 1960

Na década de 1960, começam as primeiras iniciativas de pensar uma moda nacional, com o aparecimento de estilistas tais como Dener, Clodovil, Guilherme Guimarães, entre outros. Também muito importantes para o período, os desfiles da Rhodia foram elemento divisor de águas no cenário da moda brasileira.

QUEM FOI?	**QUANDO? e COMO?**
Dener Pamplona de Abreu (1936-1978)	Dener Pamplona de Abreu foi um dos primeiros grandes talentos individuais na moda brasileira. Chamado de excêntrico e gastador, Dener gostava de festas e de frequentar a noite, e soube usar isso em seu benefício. Em 1950, Dener realizava desenhos para a *Casa Canadá* e, em 1957, abriu sua primeira casa em São Paulo. No início dos anos 60, Dener já era o estilista de maior sucesso do país e, em 1963, tornou-se o estilista oficial da primeira-dama do Brasil, Teresa Goulart.

Entre os escassos materiais bibliográficos e iconográficos sobre o trabalho de Dener, destacamos o livro de Carlos Dória, *Bordado da Fama: uma biografia de Dener*[23], que traz informações valiosas sobre o costureiro. A vivacidade de Dener fez com que ele se tornasse personagem de si mesmo, e seu público esperava deste personagem a eterna cruzada contra o mau gosto e a defesa do luxo, características de suas famosas frases:

"Sou a Coco Chanel da moda brasileira".

"Ensinei a mulher brasileira a se vestir no Brasil, quando era cafoníssimo uma mulher não se vestir em Paris"

Durante toda a década, Dener vestiu algumas das mulheres mais elegantes do país, e, em 1963, a primeira-dama Teresa Goulart, sua cliente oficial, foi eleita a mulher mais elegante do Brasil. Não sabemos como teria sido o desenvolvimento desta relação profissional, pois o Golpe Militar de 1964 veio a interromper o governo de João Goulart, e sua esposa, Teresa, o acompanhou no exílio no Uruguai.

Dener não só desenhava roupas, dava conselhos sobre como uma mulher deveria se portar para ser elegante. Advogava uma moda simples, mas de grande qualidade na fatura. Tinha um extenso conhecimento sobre moda europeia, mas soube desenvolver modelos com sua marca pessoal.

A Rhodia no Brasil e a Fenit

Os anos 60 foram os anos de ouro para Dener, mas foram principalmente os anos da Rhodia. No final da década de 1950, esta indústria francesa decidiu realizar uma série de campanhas para promover seu fio sintético. Para tal empreitada, contou com a genialidade de Lívio Rangan, que idealizou e realizou os desfiles da

---
[23] Carlos Dória. *Bordado da Fama: uma biografia de Dener*. São Paulo: Editora SENAC, 1998.

Rhodia. Ele arregimentou os melhores artistas plásticos brasileiros para a realização de desenhos dos tecidos das coleções, entre eles Aldemir Martins, Volpi e Manabu Mabe. Para a cenografia, Lívio convocou Cyro del Nero, cenógrafo recém-chegado da Europa que trabalhava na identidade visual da novíssima *TV Excelsior*. Músicos como Caetano Veloso, Gal Costa e Zimbo Trio também participaram dos shows, assim como atores como Walmor Chagas e Raul Cortez. Os shows eram apresentados na Fenit, (Feira Nacional da Indústria e Comércio), recém-criada por Caio de Alcântara Machado e eram verdadeiras superproduções. Além das feiras, ainda eram realizados editoriais de moda em viagens por todo o mundo. Entre os estilistas contratados para a realização dos modelos para os desfiles, figuraram Pierre Cardin, Paco Rabanne e também Dener, que realizou as linhas *Café*, *Seleção Rhodia Têxtil* e *Brazilian Nature*. Os desfiles realizados pela Rhodia nos anos 60 sem dúvida encontram-se como capítulo da maior importância no desenvolvimento da moda no país, pois formaram profissionais, desenvolveram talentos e apresentaram soluções estéticas que pavimentaram a História da Moda no Brasil.

Fotografia Rhodia, 1968. Coleção Cyro del Nero.

Breve história da moda

Os anos 70

A luta pela liberação feminina e, sobretudo, o movimento social contra a Guerra do Vietnã produziu uma nova vontade de moda: se nos anos 60 Twiggy e seu jeito de menina era o modelo a ser alcançado, a postura política dos anos 70 pedia uma nova estética: o *hippie*. Os *hippies* surgiram desde o final da década anterior e buscavam uma nova forma de vida que estabelecesse relações mais harmônicas de não violência entre os homens, na qual as obrigações burguesas de posse não fariam sentido. Com o movimento *Hippie*, ocorreu também uma intensa valorização dos elementos provenientes da natureza, precursores dos movimentos ecológicos atuais. Devido à busca por novas formas de consciência, buscas espirituais à Índia e ao Tibet foram frequentes e gurus e místicos entraram em voga.

A antimoda: este posicionamento colocou a moda em xeque-mate: se esta é sustentada por uma poderosa indústria e sistema de consumo no qual a natureza é aviltada e as relações de trabalho são alienadas, então devemos rejeitar o que é moda? De certa maneira, pode-se dizer que os anos 70 foram o antimoda, mas assim como abrir mão da vaidade pode ainda ser uma vaidade, abrir mão da moda já é lançar uma nova estética de moda. Com isso, ocorreu a busca por brechós e pela "customização", bordados, franjas, batas e tecidos tingidos como o *batik* fizeram a moda dos anos 70, e o couro se tornou um dos elementos de maior importância na confecção dos acessórios (de preferência feitos pelo usuário). As calças boca-de-sino se tornaram a marca dos anos 70 e variavam de discretas aberturas até verdadeiros "toldos" que escondiam totalmente o sapato.

Túnica de Emmanuelle Khanh, primavera/verão 1971 e calça Levi's boca-de-sino feita com retalhos de jeans, 1971. Fotografia de Takashi Hatakeyama/KCI.

O Punk

Surgido por volta de 1976, o movimento *Punk* se opôs aos valores da sociedade burguesa fazendo uso da subversão, do ceticismo e do humor ácido. Tal posição era visualmente demonstrada pela indumentária, pela maquiagem, pelos penteados e acessórios.

A Moda e o *Punk*: a postura *Punk* diante da moda é de tal maneira radical, que muitos não concordam com o uso do termo "moda" para designar suas vestimentas, pois o termo poderia designar uma concordância com o sistema de consumo contra o qual o pensamento *Punk* se posiciona. Mas, inevitavelmente, o movimento teve profunda influência na maneira da sociedade enxergar a moda, e teve força muito grande a partir da Inglaterra, especificamente Londres, embora tenha se manifestado antes nos E.U.A., principalmente com a banda *Ramones*. E também em variados países da Europa e América do Sul. Em Londres, a banda *Sex Pistols* passou a ser ícone do movimento sob a orientação de Malcom McLaren, parceiro de Vivienne Westwood na loja *Sex*, ponto de vanguarda da estética *Punk*.

QUEM?	QUANDO? e COMO?
Vivienne Westwood (1941)	Vivienne Westwood estava inserida na cultura de transgressão do *Punk* da década de 1970, em Londres. Em 1974, Vivienne e seu parceiro, Malcom McLaren (produtor dos *Sex Pistols*) abriram a loja *Sex*. As criações de Westwood continham os elementos de desencanto da sociedade tradicional e faziam uso de vestimentas que deliberadamente poderiam ser chocantes a esta sociedade. Westwood realizou roupas em couro, fez uso de mensagens escandalosas estampadas em camisetas e inseriu elementos fetichistas em suas criações.
PORTANTO: Não só de alfinetes, calças rasgadas, couro, rebites e metais e penteado moicano é feita a estética *Punk*: é necessário também uma boa dose de atitude.	

Westwood figura entre os estilistas responsáveis pela dicotomia da moda inglesa, oscilando entre a *Tradição e a Transgressão*, título, aliás, da exposição sobre o tema, aberta no *Metropolitan Museum,* em Nova York, entre maio e setembro de 2006. Depois de alguns anos, Vivienne Westwood declarou estar cansada do *Punk* porque este havia sido pasteurizado pela mídia e pela sociedade de consumo. Ela voltou-se então para o revisionismo histórico da moda com um forte viés irônico.

Vivienne Westwood, Malcolm Maclaren e colaboradores na boutique *Sex*, 1975. Rex Features, London.

No Brasil...

Os anos 70 deram início no país à era do culto às marcas e ao império da calça jeans. A marca que capitalizou estes dois fenômenos foi a *Fiorucci*, trazida ao Brasil por Gloria Kalil, em 1976. O jeans era o produto certo no momento certo e a procura pelos produtos *Fiorucci* naquele momento só pode ser descrita como um *frisson* ou um furor. Durante a década, também ocorreu o desenvolvimento das butiques, que, em São Paulo, se localizavam principalmente na Rua Augusta, a região mais badalada. Novos estilistas que haviam despontado na década anterior, como José Gayegos, Guilherme Guimarães e Ronaldo Esper desenvolviam trabalhos com um talento individual que dava continuidade ao desenvolvimento de uma moda com características nacionais.

Entre os estilistas brasileiros marcantes na década, Zuzu Angel se destacou graças a sua ousadia e coragem. Nascida em Minas Gerais, estabeleceu-se no Rio de Janeiro e na década de 1950 já trabalhava com moda. Abriu sua primeira loja no Rio de Janeiro, em 1970. Seu trabalho se destacou na História da Moda brasileira devido à inclusão de padronagens, tecidos e referências culturais nacionais, como a chita e as rendas do nordeste, e também por trazer uma dimensão política ao assunto. Em 1971, seu filho, Stuart Angel Jones, foi preso, torturado e morto pela ditadura militar. Desde então, Zuzu Angel empreendeu uma luta incansável denunciando as torturas e assassinatos feitos pela ditadura no Brasil. Ainda na década de 1970, realizou um desfile no qual trouxe referências explícitas à tortura e à violência exercidas aos opositores do regime; inserida por ela na forma de bordados e estampas com referências militares, anjos aprisionados e balas de canhão.

Em sua coleção primavera/verão 2002, o estilista mineiro Ronaldo Fraga realizou um emocionante desfile em homenagem a ela. Intitulado "Quem Matou Zuzu Angel?", o desfile faz referência à misteriosa morte da estilista, em abril de 1976.

Os anos 80

Deslumbramento e dinheiro são palavras-chave para descrever a moda deste período, que foi marcado pela intensa prosperidade para boa parte do mundo capitalista, pelos valores baseados na crença da vitória profissional como forma de realização e pela exibição explícita. Dinheiro e poder tornaram-se potentes afrodisíacos e a moda refletiu essa nova atitude. As ombreiras estruturavam o corpo, transformando os *taillers* em uma verdadeira armadura de batalha, o objetivo era a ascensão profissional a qualquer preço: toda a estética se tornou mais geométrica, as cores escolhidas não eram mais a mistura psicodélica, mas a cor pura, o desejo era enviar ao mundo os dizeres: "eu sou um sucesso".

QUEM?	QUANDO? e COMO?
Jean-Paul Gaultier (1952)	Gaultier apresentou sua primeira coleção independente em 1977, quando foi batizado pela imprensa de *Enfant Terrible* (*criança terrível*) da moda francesa. Seu trabalho teve grande destaque a partir de 1984, quando lançou a coleção "Et Dieu créa l´homme" (*E Deus Criou o Homem*), inspirado no filme "E Deus Criou a Mulher", cuja estrela era Brigitte Bardot (sucesso dos anos 50), na qual apresentou as saias para homens. As roupas desenhadas por Gaultier para a turnê de Madonna, em 1990, se tornaram símbolos da década.
PORTANTO: Seguindo uma tradição que remonta até Schiaparelli, Gaultier apresenta o absurdo e a surpresa, questionando padrões estéticos e papéis sexuais estabelecidos.	

O Japão e a Moda Ocidental

Desde a década de 1970 estilistas japoneses como Hanae Mori e Kenzo começaram a se estabelecer em Paris. Mas foi na década de 1980 que os estilistas japoneses Issey Miyake, Yohji Yamamoto e Rei Kawakubo operaram uma revolução na Moda Ocidental. Entre estes novos valores trazidos por seus trabalhos, estão incluídas as qualidades subjacentes à relação japonesa com a natureza, a valorização dos materiais, a tradição gráfica, que remonta aos estandartes das famílias feudais, e, ainda, uma relação inteiramente diferente entre o corpo e a roupa. Para a atmosfera da moda parisiense do início da década de 1980 foi uma injeção de inovação: foi um recomeço. Enquanto a Moda Ocidental quase globalmente usava roupas cada vez mais marcadas, apertadas e que ressaltavam a silhueta, esses estilistas apresentavam uma nova relação do corpo com a moda: vestimentas folgadas trabalhavam com a assimetria e criavam roupas que eram verdadeiras esculturas.

QUEM?	QUANDO? e COMO?
Issey Miyake (1938)	Nascido em Hiroshima, Miyake frequentou a *Tama Art University*, onde se formou como design gráfico em 1965. Na década de 1990, Miyake apresentou a coleção *Pleats Please*, trabalhando com a técnica do plissado. Atualmente, Miyake têm se dedicado à pesquisa de novos materiais, em conjunto com engenheiros têxteis para a produção de tecidos personalizados, com o uso de alta tecnologia.
Yohji Yamamoto (1943)	Nascido em Tóquio, Yamamoto, assim como Kenzo, frequentou *Bunka School of Fashion*. Depois de formado, ganhou um concurso, em 1969, cujo prêmio era uma viagem a Paris. Voltando ao Japão, fundou, em 1972, em Tóquio, a *Y's Company Ltd.*
Rei Kawakubo (1942)	Nascida em Tóquio, Rei Kawakubo lançou, em 1969, a *Comme des Garçons*, e instituiu a seguinte maneira de montar uma coleção: ela não faz esboços, prefere propor uma frase a seus colaboradores que, a partir dessa referência, apresentam padronagens, estampas que serão então discutidas com ela em uma criação quase coletiva. Seu trabalho é caracterizado pela busca insistente em derrubar conceitos estabelecidos em relação ao papel da moda.

No Brasil...

Os anos 80 foram turbulentos para o país que enfrentou uma grave crise econômica e travou a luta pela redemocratização política. O culto às marcas iniciado na década anterior se intensificou, e o jeans e a moda praia se fortaleceram como os mais importantes produtos nacionais em moda, sendo que a *Zoomp*, de Renato

Kherlakian, e a *Forum*, de Tufi Duek, colaboraram para consolidar este conceito. Além disso, os novos estilistas se organizavam para apresentar seus trabalhos com iniciativas como a *Cooperativa de Moda*, formada por Conrado Segreto, Jum Nakao, Maira Hilmenstein, Marjorie Gueller, Silvie Le Blanc, Taísa Borges e Walter Rodrigues, em 1987. Durante a década, a moda ocupou um espaço ainda maior no cotidiano dos brasileiros e as edições de moda se adaptaram às novas vontades, com destaque para as publicações da *Claudia Moda*, sob a direção de Costanza Pascolato. Os estilistas Georges Henri e Conrado Segreto marcaram a década com um trabalho que valorizava o luxo e a sofisticação.

Issey Miyake, *Energieën Exhibition*, 1990. Amsterdam, fotografia de S. Anzai.

Os anos 90

A década começou com os ânimos mais sombrios, reflexo do aparecimento e disseminação da Aids, a partir de 1983, da queda nas ações da Bolsa de Nova York, em 1987, e da Guerra do Kuwait, em 1990/91. E, assim, a estética dos anos 90, em geral, se distanciou dos excessos dos anos anteriores trazendo, muitas vezes, acentos irônicos. Em 1989, a queda do Muro de Berlim e a dissolução final da União Soviética, em 1991, anunciaram um mundo não mais polarizado entre o bloco capitalista e o comunista. A globalização, a revolução tecnológica e a difusão da Internet transformaram o cotidiano das pessoas em todo o mundo e trouxeram a promessa de uma nova era, como também novas ansiedades.

O fim do século XX elegeu o múltiplo como sua essência e tornou evidente que não existe mais uma "moda universal", um estilo único a ser seguido. A moda agora adquiriu um caráter multifacetado, e, estilos como o *Grunge*[24], o *Tecno*[25], assim como inspirações glamourosas, conviveram lado a lado. Elementos de raízes históricas, étnicas e estéticas diferentes são combinados de maneira pessoal, e o importante é que o conjunto manifeste a personalidade do usuário.

Estilistas como Armani, Calvin Klein, Donna Karan e Jil Sander encarnaram uma moda minimalista, seguindo princípios mais práticos e realizaram criações em linhas e cores puras. O cinza, o branco e o preto eram predominantes, e o uso de tecidos de qualidade garantia um caimento perfeito de suas roupas.

QUEM?	QUANDO? e COMO?
Jil Sander (1943)	Nascida em Hamburgo, Alemanha, apresentou sua primeira coleção em 1973. Suas roupas caracterizam-se por um estilo sóbrio, feitas em corte extremamente apurado. Avessa à grande publicidade ao redor de seu nome, seu trabalho permanece tendo enorme influência devido a sua qualidade e coerência de seu direcionamento estético.

---

[24] O estilo conhecido como *Grunge* teve seu nascimento a partir de Seattle, com as bandas Nirvana e Pearl Jam. Suas roupas gritavam contra as marcas e traduziam o estilo de vida das ruas, com camisas grandes em xadrez, calças cargo e roupas de segunda mão, combinadas em uma estética de camadas, umas sobre as outras.
[25] Música eletrônica surgida em meados da década de 1980 que influenciou também fortemente a moda de rua.

Breve história da moda

Em 1997, o mundo da Alta Costura sofreu uma transformação com a nomeação de John Galliano como designer da *Maison Dior* e Alexander McQueen para a *Maison Givenchy*. Eles atualizaram a estética destas tradicionais casas de Alta Costura, com seus desfiles-espetáculo e estética provocativa.

QUEM?	QUANDO? e COMO?
John Galliano (1961)	Em 1983, diplomou-se pela *St. Martin's School of Art*, em Londres. Desde seus primeiros trabalhos, John Galliano pautou suas coleções em referências históricas e étnicas com ênfase na exuberância. Os termos: "Fantasia e Escapismo" ou "Historicismo Híbrido" são frequentemente aplicados aos seus trabalhos. Seus desfiles são espetáculos minuciosamente orquestrados para compor um mundo irreal de glamour e fantasia.

John Galliano para Christian Dior. Outono-Inverno 2001.

No Brasil...

A década de 1990 marcou uma mudança vital para a moda brasileira devido aos grandes eventos inseridos no calendário nacional, tais como o *Phytoervas Fashion*, em 1994, seguido pelo *Morumbi Fashion Brasil*, em 1996, que se transformou na *São Paulo Fashion Week* (SPFW). Idealizada e empreendida por Paulo Borges, a SPFW, acaba de completar dez anos de existência. Além dos eventos de moda em São Paulo, foram realizadas iniciativas em todo o país, como, por exemplo, a *Fashion Rio*. Estas semanas de moda tornaram-se importantes canais para apresentação de trabalhos de estilistas já estabelecidos, assim como o lançamento de novos talentos. Além disso, provocaram um movimento pela profissionalização e alavancaram a moda brasileira colocando-a em condições de competição pelo mercado mundial. Além destes eventos, foram lançados diversos outros em todo o país, com o intuito de lançar novos estilistas, como é o exemplo da *Amni Hot Spot* e *Casa de Criadores*, ambas em São Paulo.

Durante a década de 1990, além da conquista do mercado nacional, muitos estilistas brasileiros conquistaram destaque fora do país, como o exemplo de Alexandre Herchcovitch, cujo trabalho pode ser encontrado hoje em vários países, desde a Europa, os Estados Unidos, até o Japão, testemunhando o poder competitivo da moda contemporânea brasileira. Sua marca se estende hoje às mais diversas criações, desde edredons, meias e calçados, até celulares.

A Moda Contemporânea no Brasil e no mundo

> "O caráter aberto, cinético da moda, é aquele que uma sociedade no processo de rápida transformação mais necessita"[26].

Em *Os Tempos Hipermodernos*[27], livro publicado em 2004, o filósofo Gilles Lipovetsky define o contemporâneo pela exacerbação da rapidez, da performance e da flexibilidade, em uma sociedade pautada pelo superlativo.

A moda, hoje, provoca interesse e paixões como nunca antes, e está de tal maneira entranhada em nosso cotidiano que temos dificuldade em definir o que é moda e, menos ainda, o que está na moda, uma vez que propostas estéticas diversas coexistem e o exercício da cultura contemporânea se faz pelo consumo e mudança em um ritmo desenfreado.

Os grandes conglomerados de moda continuam fazendo bilhões e a moda se vê em grande parte integrada a uma engrenagem

---

[26] Caroline Evans. *Fashion at the edge: spectacle, modernity and deathliness*. New Haven: Yale University Press, 2003, p. 06.
[27] Gilles Lipovetsky. *Os Tempos Hipermodernos*. São Paulo: Barcarolla, 2005.

de grandes negócios, mas, paralelamente a isso, o consumidor está cada vez mais informado. Um dos grandes desafios da moda no século XXI se dá na necessidade de que esta incorpore amplamente em seus modos de produção valores ecológicos e éticos.

Estilistas em todo o mundo refletem sobre os novos tempos em suas criações e, se a Revolução Industrial foi responsável pelo moderno conceito de moda, a Revolução Tecnológica traz consigo uma busca de nova reflexão sobre seu papel nas sociedades contemporâneas.

ALGUNS ESTILISTAS CONTEMPORÂNEOS	
QUEM?	**QUANDO? e COMO?**
Lino Villaventura (1951)	Nascido no Pará, Lino Villaventura viveu também em Fortaleza. Seu trabalho se tornou um ponto importante na discussão sobre identidade nacional em moda no país devido a valorização empreendida por ele da herança estética advinda do norte e nordeste do Brasil. O trabalho de Lino possui um preciosismo que retoma técnicas tradicionais, inserindo também materiais de última tecnologia, resultando em modelos de grande valor estético que apresentam temas como a natureza do que consideramos brasilidade e como a moda pode ser particular e universal ao mesmo tempo.
Martin Margiela (1959)	Nascido na Bélgica, abriu a *Maison Martin Margiela* (MMM), em 1988. Em seu trabalho, é forte a característica de repensar a contemporaneidade e o consumo, como, por exemplo, em sua coleção feita a partir de peças usadas, adquiridas em brechós. Margiela também discute as relações comerciais estabelecidas no mercado da moda,

	questionando os esquemas padronizados de produção. Para isso, nomeou seus tamanhos de seus modelos pelas designações: 50%, 148%, 157%. Questionando o culto à etiqueta e a figura do estilista, as peças da *Maison Martin Margiela* não ostentam o nome deste, mas apenas trazem uma etiqueta branca lisa.
Jum Nakao (1966)	Tido como o mais conceitual estilista brasileiro, Jum Nakao foi direto ao cerne da discussão do papel da moda contemporânea em seu desfile de outono/inverno para o SPFW, em 2005. Nele, desfilaram preciosas vestimentas realizadas em papel, que, ao final do desfile, foram rasgadas em uma catarse coletiva. Este desfile ampliou o âmbito da discussão sobre moda no país[28]. Mais tarde, realizou pesquisa aliado à indústria têxtil com o intuito de fazer vestimentas que expelem substâncias que hidratam e tratam a pele enquanto usadas.
Hussein Chalayan (1970)	Nascido na ilha de Chipre, graduou-se em 1993 pela *Central Saint. Martins*, em Londres. Além de apresentar assuntos polêmicos, como o véu islâmico, seu trabalho também coloca em discussão a função da roupa na sociedade atual, apresentando modelos que transitam na fronteira entre mobiliário e vestimenta, e realizando desfiles com teor performático.

---

[28] Sobre o desfile de Jum Nakao veja o artigo de Carol Garcia: *Playmobil couture: um interlúdio de moda e leveza no 17º SPFW*, in Andrade, Rita (ed.) *Fashion Theory: a revista da moda, corpo e cultura* – edição brasileira. São Paulo: Editora Anhembi Morumbi, 2004, p. 127-134.

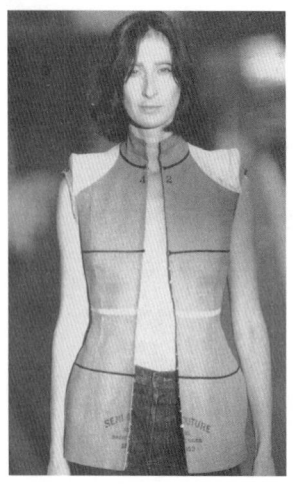

Denise Pollini

Desde a segunda metade do século XIV, a moda empreendeu um caminho complexo em sua relação com a sociedade. Paradoxal por natureza, a moda pode assumir desde a máscara mais grosseira até a poesia mais subjetiva, e pode significar desde a luta de classes e o mesquinho acotovelamento cotidiano, como também pautar as relações do ser humano com o infinito, na medida em que, com alguns metros de tecido, podemos sonhar que somos outros, mais belos, mais sedutores, mais inteligentes, mais realizados...

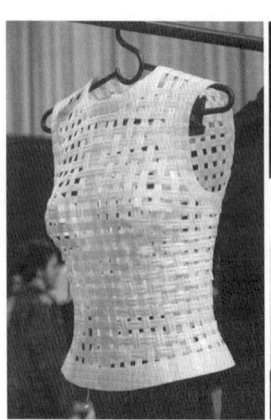

Martin Margiela, *jaqueta 'do avesso'*. Primavera/verão 1997. Fotografia de Ronald Stoops para Street.

Desfile Jum Nakao, *A Costura do Invisível*, outono/inverno 2005.
Fotografias de Adriana Guivo e Fernando Silveira.
Coleção Armando Alvares Penteado.

Breve história da moda

Elitista e democrática. Puro mercado frio e calculista. Exercício do lúdico, de autocriação e recriação, ninguém está inume à Moda, na medida em que esta é um exercício de comunicação entre os seres humanos.

O que é Moda para você?

Outras leituras, outras visões

Bibliografia

BAUDELAIRE, Charles. *O pintor da vida moderna*. Lisboa: Vega Editora, 2002.

BOUCHER, François. *A history of costume in the west*. London: Thames and Hudson, 1997.

BREWARD, Christopher. *Oxford history of art: fashion*. Oxford: Oxford University Press, 2003.

BUENO, Maria Lucia; CASTRO, Ana Lúcia (Orgs.). *Corpo: território da cultura*. São Paulo: Annablume, 2005.

CALDAS, Dario. *Observatório de sinais*. Rio de Janeiro: Editora Senac Rio, 2004.

CARLYLE, Thomas. *Sartor Resartus*. Oxford: Oxford University Press, 1987.

COSGRAVE, Bronwyn. *Historia de la moda: desde Egipto hasta nuestros dias*. Barcelona: Editorial Gustavo Gili, 2005.

CRANE, Diana. *A moda e seu papel social: classe, gênero e identidade das roupas*. São Paulo: Editora Senac São Paulo, 2006.

DISITZER, Marcia; VIEIRA, Silvia. *A moda como ela é: bastidores, criação e profissionalização*. Rio de Janeiro: Senac Nacional, 2006.

DORFLES, Gillo. *Modas e Modos*. Lisboa: Edições 70, 1979.

ECO, Humberto et al. *Psicologia do vestir*. Lisboa: Assírio e Alvim, 1989.

EVANS, Caroline. *Fashion at the edge: spectacle, modernity and deathliness*. New Haven: Yale University Press, 2003.

GARCIA, Carol; MIRANDA, Ana Paula. *Moda é comunicação: experiências, memórias, vínculos*. São Paulo: Editora Anhembi Morumbi, 2005.

GONTIJO, Silvana. *80 anos de moda no Brasil*. Rio de Janeiro: Nova Fronteira, 1988.

HOLLANDER, Anne. *O sexo e as roupas*. Rio de Janeiro: Rocco, 1996.

JONES, Sue Jenkyn. *Fashion Design: manual do estilista*. São Paulo: Cosac Naify, 2005.

LAVER, James. *A roupa e a moda*. São Paulo: Companhia das Letras, 1993.

LEHNERT, Gertrud. *Fashion: a concise history*. London: Laurence King, 1998.

LIPOVETSKY, Gilles. *O império do efêmero: a moda e seu destino nas sociedades modernas*. São Paulo: Companhia das Letras, 1989.

_____. *Os tempos hipermodernos*. São Paulo: Barcarolla, 2005.

LIPOVETSKY, Gilles; ROUX, Elyette. *O luxo eterno: da idade do sagrado ao tempo das marcas*. São Paulo: Companhia das Letras, 2005.

LURIE, Alison. *A linguagem das roupas*. Rio de Janeiro: Rocco, 1997.

MENDES, Valerie & HAYE, Amy de la. *A moda do século XX*. São Paulo: Martins Fontes, 2003.

MESQUITA, Cristiane. *Moda contemporânea: quatro ou cinco conexões possíveis*. São Paulo: Editora Anhembi Morumbi, 2006.

MILBANK, Caroline Rennolds. *Couture*. New York: Stewart, Tabori & Chang, 1985.

MONNEYRON, Frédéric. *50 respuestas sobre la moda*. Barcelona: Editorial Gustavo Gili, 2005.

NEWMAN, Cathy. *National Geographic – Fashion*. Washington D.C.: National Geographic Society, 2001.

ROBINS, Stephen. *How to be a complete dandy: a little guide for rakes, bucks, swells, cads and wits*. London: Prion Boks, 2001.

SEELING, Charlotte. *Moda: o século dos estilistas, 1900-1999*. Colônia: Könemann, 1999.

SOUZA, Gilda de Melo e. *O espírito das roupas: a moda no século dezenove*. São Paulo: Companhia das Letras, 1987.

STALLYBRASS, Peter. *O casaco de Marx: roupas, memória, dor*. Belo Horizonte: Autêntica, 2004.

VEBLEN, Thorstein. *Teorico de la clase ociosa*. México: Fondo de Cultura Economica, 1971.

VEILLON, Dominique. *Moda & guerra: um retrato da França ocupada*. Rio de Janeiro: JorgeZahar Editor, 2004.

VINKEN, Barbara. *Fashion zeitgeist: trends and cycles in the fashion system*. Oxford: Berg, 2005.

Denise Pollini

Sites:

Alexandre Herchcovitch: http://www2.uol.com.br/herchcovitch/
Contemporary jewelry – 1960 to today: http://www.mschon.com/50604.html
Courrèges: http://www.courreges.com/
Dandysm: http://www.dandyism.net/
Érika Palomino: http://www.erikapalomino.com.br
Fashion Rio: http://www.fashionrio.org.br/
Hussein Chalayan: http://www.husseinchalayan.com/
Issey Miyake: http://www.isseymiyake.co.jp/
Jean Paul Gaultier: http://www.jeanpaulgaultier.com/
John Galliano: http://www.johngalliano.com/
Jum Nakao: http://www.jumnakao.com.br/
Kenzo: http://www.kenzo.com/
Lino Villaventura: http://www2.uol.com.br/linovillaventura/
Maison Dior: http://www.dior.com/pcd/International/JSP/Home/prehomeFlash.jsp
Maison Martin Margiela: http://www.maisonmartinmargiela.com/en/index2.html
Mary Quant: http://www.maryquant.co.uk/
Ronaldo Fraga: http://www.ronaldofraga.com.br/
São Paulo Fashion Week: SPFW: http://www.spfw.com.br/index.php
SHOWstudio: http://showstudio.com/
Sobre a revista *O Cruzeiro*: http://memoriaviva.digi.com.br/ocruzeiro/
Stella McCartney: http://www.stellamccartney.com/
The Wearable Art Movement, Part I: http://www.modernsilver.com/Walkerarticle.htm
Victor & Rolf: http://www.viktor-rolf.com/index2.html
Walter Rodrigues: http://www2.uol.com.br/walterrodrigues/
Yohji Yamamoto: http://www.yohjiyamamoto.co.jp/
Yves Saint Laurent: http://www.ysl.com/

Filmes

Essa Noite ou Nunca (*Tonight or Never*)
Ano de lançamento: 1931.
Dirigido por: Mervyn LeRoy.
Atores: Com Gloria Swanson, Melvyn Douglas e Alison Skipworth.
Figurino: Gabrielle Chanel.

Breve história da moda

Palmy Days
Ano de lançamento: 1931.
Dirigido por: A. Edward Sutherland
Atores: Eddie Cantor, Charlotte Greenwood, Barbara Weeks, Spencer Charters, George Raft, Paul Page e Charles Middleton.
Figurino: Gabrielle Chanel.

Cortesãs Modernas (*The Greeks Had a Word for Them*)
Ano de lançamento: 1932.
Dirigido por: Lowell Sherman.
Atores: Joan Blondell, Madge Evans, Ina Claire, David Manners e Lowell Sherman.
Figurino: Gabrielle Chanel.

A Princesa da Selva (*The Jungle Princess*)
Ano de lançamento: 1936.
Dirigido por: Wilhelm Thiele.
Atores: Dorothy Lamour, Akim Tamiroff, Ray Milland, Mala, Lynne Overman e Molly Lamont.
Figurino: Edith Head.

Pigmaleão (*Pygmalion*)
Ano de lançamento: 1938.
Dirigido por: Anthony Asquith e Leslie Howard.
Atores: Leslie Howard, Wendy Hiller, Wilfrid Lawson, Marie Lohr, Scott Sunderland, Jean Cadell, David Tree e Everley Gregg.
Figurino: Elsa Schiaparelli.

Crepúsculo dos Deuses (*Sunset Boulevard*)
Ano de lançamento: 1950
Dirigido por: Billy Wilder
Atores: Gloria Swanson, William Holden, Erich von Stroheim e Nancy Olson.
Figurino: Edith Head

Uma Rua Chamada Pecado (*A Streetcar Named Desire*)
Ano de lançamento: 1951
Dirigido por: Elia Kazan
Atores: Vivien Leigh (como Blanche DuBois), Marlon Brando (como Stanley Kowalski), Kim Hunter (como Stella Kowalski), Karl Malden (como Mitch), Peg Hillias, Wright King, e Richard Garrick.
Figurino: Lucinda Ballard

Os Homens Preferem as Loiras (*Gentleman Prefer Blondes*)
Ano de lançamento: 1953
Dirigido por: Howard Hawks
Atores: Jane Russell, Marilyn Monroe, Charles Coburn, Elliott Reid, Tommy Noonan, George Winslow, Marcel Dalio, Taylor Holmes e Norma Varden.
Figurino: Travilla.

O Selvagem (*The Wild One*)
Ano de lançamento: 1954.
Dirigido por: Laslo Benedek.
Atores: Jay C. Flippen, Lee Marvin, Marlon Brando, Mary Murphy e Robert Keith.

Sabrina
Ano de lançamento: 1954.
Dirigido por: Billy Wilder.
Atores: Humphrey Bogart, Audrey Hepburn, William Holden, Walter

Hampden, John Williams e Martha Hyer.
Figurino: Edith Head.
Costumes usados por Audrey Hepburn, desenhados por: Hubert de Givenchy.

Rebelde sem Causa (*Rebel Without a Cause*)
Ano de lançamento: 1955.
Dirigido por: Nicholas Ray.
Atores: James Dean, Natalie Wood, Sal Mineo, Jim Backus e Ann Doran.

Ladrão de Casaca (*To Catch a Thief*)
Ano de lançamento: 1955.
Dirigido por: Alfred Hitchcock.
Atores: Cary Grant, Grace Kelly, Jessie Royce Landis, John Williams, Charles Vanel e Brigitte Auber.
Figurino: Edith Head.

Cinderela em Paris (*Funny Face*)
Ano de lançamento: 1957.
Dirigido por: Stanley Donen.
Atores: Audrey Hepburn, Fred Astaire, Kay Thompson, Michel Auclair, Robert Flemyng, Suzy Parker, Dovima e Sunny Hartnett.
Figurino: Edith Head.
Costumes usados por Audrey Hepburn, desenhados por: Hubert de Givenchy.

Bonequinha de Luxo (*Breakfast at Tiffany's*)
Ano de lançamento: 1961.
Dirigido por: Blake Edwards.
Atores: Audrey Hepburn (Holly Golightly), George Peppard, Patricia Neal, Buddy Ebsen, Martin Balsam, Mickey Rooney, José Luis de Villalonga e Alan Reed.
Figurino: Edith Head.
Costumes usados por Audrey Hepburn, desenhados por: Hubert de Givenchy.

Quem é Você Polly Maggoo? (*Qui êtes-vous, Polly Maggoo?*)
Ano de lançamento: 1966.
Dirigido por: William Klein.
Atores: Dorothy McGowan, Jean Rochefort, Sami Frey, Grayson Hall, Philippe Noiret, Alice Sapritch, Fernando Arrabal, Guy D'Avout e Roger Constant.

Isadora
Ano de lançamento: 1968.
Dirigido por: Karel Reisz.
Atores: Vanessa Redgrave (como Isadora Duncan), John Fraser, James Fox, Jason Robards e Libby Glenn.

Barbarella
Ano de lançamento: 1968.
Dirigido por: Roger Vadim.
Atores: Jane Fonda (Barbarella), John Phillip Law (Pygar), Anita Pallenberg, Milo O'Shea, Marcel Marceau, Claude Dauphin e Véronique Vendell.
Figurino: Paco Rabanne.

Cabaret
Ano de lançamento: 1972.
Dirigido por: Bob Fosse.
Atores: Liza Minnelli, Michael York, Helmut Griem, Marisa Berenson, Joel Grey, Fritz Wepper e Elisabeth Neumann-Viertel.

Breve história da moda

O Grande Gatsby (*The Great Gatsby*)
Ano de lançamento: 1974.
Dirigido por: Jack Clayton.
Atores: Robert Redford, Mia Farrow, Bruce Dern, Karen Black, Elliott Sullivan, Scott Wilson e Sam Waterston.

Os Embalos de Sábado à Noite (*Saturday Night Fever*)
Ano de lançamento: 1977.
Dirigido por: John Badham.
Atores: John Travolta, Karen Lynn Gorney, Barry Miller, Joseph Cali, Paul Pape, Donna Pescow, Bruce Ornstein e Julie Bovasso.

Hair
Ano de lançamento: 1979.
Dirigido por: Milos Forman.
Atores: John Savage, Treat Williams, Beverly D'Angelo, Annie Golden, Dorsey Wright, Don Dacus, Cheryl Barnes e Richard Bright.

Nijinsky
Ano de lançamento: 1980.
Dirigido por: Herbert Ross.
Atores: Alan Bates (como Sergei Diaghilev), George De La Pena (como Vaslav Nijinsky), Ronald Pickup (como Igor Stravinsky), Ronald Lacey (como Leon Bakst), Jeremy Irons (como Mikhail Fokine) e Leslie Browne.

La Nuit de Varennes
Ano de lançamento: 1982.
Dirigido por: Ettore Scola.
Atores: Jean-Louis Barrault, Marcello Mastroianni, Hanna Schygulla, Harvey Keitel, Jean-Claude Brialy, Andréa Ferréol e Michel Vitold.

Ligações Perigosas (*Dangerous Liaisons*)
Ano de lançamento: 1988.
Dirigido por: Stephen Frears.
Atores: Glenn Close (como Marquesa de Merteuil), John Malkovich (como Visconde de Valmont), Michelle Pfeiffer (como Madame de Tourvel), Swoosie Kurtz (como Madame de Volanges), Keanu Reeves (como Chevalier Danceny), Mildred Natwick (como Madame de Rosemonde), Uma Thurman (como Cecile de Volanges).
Figurino: James Acheson.

Uma Secretária de Futuro (*Working Girl*)
Ano de lançamento: 1988.
Dirigido por: Mike Nichols.
Atores: Harrison Ford, Sigourney Weaver, Melanie Griffith, Alec Baldwin, Joan Cusack, Kevin Spacey e Nora Dunn.

Valmont
Ano de lançamento: 1989.
Dirigido por: Milos Forman.
Atores: Colin Firth (Valmont), Annette Bening (Merteuil), Meg Tilly (Madame de Tourvel), Fairuza Balk (Cecile), Fabia Drake (Madame de Rosemonde), Siân Phillips (Madame de Volanges), Jeffrey Jones, Henry Thomas, T.P. McKenna e Isla Blair.

Época da Inocência (*The Age of Innocence*)
Ano de lançamento: 1993.
Dirigido por: Martin Scorsese
Atores: Daniel Day-Lewis, Michelle Pfeiffer, Winona Ryder, Richard E. Grant, Alec McCowen, Geraldine Chaplin, Mary Beth Hurt, Stuart Wilson, Miriam Margolyes, Siân Phillips e Carolyn Farina.
Figurino: Gabriella Pescucci.

Prêt-à-Porter
Ano de lançamento: 1994.
Dirigido por: Robert Altman.
Atores: Marcello Mastroianni, Sophia Loren, Jean-Pierre Cassel, Kim Basinger, Stephen Rea, Anouk Aimée, Rupert Everett, Forest Whitaker, Rossy de Palma e Lili Taylor.

Dolls
Ano de lançamento: 2002.
Dirigido por: Takeshi Kitano.
Atores: Miho Kanno, Hidetoshi Nishijima, Tatsuya Mihashi, Chieko Matsubara, Kyôko Fukada e Tsutomu Takeshige.

Memórias de uma Gueixa (*Memoirs of a Geisha*)
Ano de lançamento: 2005.
Dirigido por: Rob Marshall.
Atores: Zhang Ziyi, Ken Watanabe, Michelle Yeoh, Youki Kudoh, Kaori Momoi, Tsai Chin, Cary Hiroyuki Tagawa, Suzuka Ohgo, Gong Li, Zoe Weizenbaum, Thomas Ikeda, Togo Igawa, Samantha Futerman, Elizabeth Sung, Randall Duk Kim e Kôji Yakusho.
Figurino: Colleen Atwood.

King Kong
Ano de lançamento: 2005.
Dirigido por: Peter Jackson.
Atores: Naomi Watts, Jack Black, Adrien Brody, Andy Serkis, Jamie Bell e Kyle Chandler.
Figurino: Terry Rya.

O Aviador (*The Aviator*)
Ano de lançamento: 2005.
Dirigido por: Martin Scorsese.
Atores: Leonardo DiCaprio (como Howard Hughes), Cate Blanchett (como Katharine Hepburn), Kate Beckinsale (como Ava Gardner), Gwen Stefani (como Jean Harlow), Jude Law (como Errol Flynn), John C. Reilly, Alec Baldwin e Alan Alda.

O Diabo Veste Prada (*The Devil Wears Prada*)
Ano de lançamento: 2006.
Dirigido por: David Frankel.
Atores: Meryl Streep, Anne Hathaway, Emily Blunt, Stanley Tucci, Simon Baker, Adrian Grenier, Tracie Thoms, Rich Sommer, Daniel Sunjata e Gisele Bündchen.
Figurino: Patricia Field.

Maria Antonieta (*Marie Antoinette*)
Ano de lançamento: 2006.
Dirigido por: Sofia Coppola.
Atores: Kirsten Dunst (como Maria Antoineta), Marianne Faithfull (como

Maria Teresa), Steve Coogan (como Ambassador Mercy), Jason Schwartzman (como Luis XVI), Rip Torn (como Luis XV), Clara Brajman, Mélodie Berenfeld e Judy Davis.
Figurino: Milena Canonero.

Séries para a TV

Dallas
Criado por: David Jacobs.
Atores: Larry Hagman, Patrick Duffy, Linda Gray, Victoria Principal, Barbara Bel Geddes, Jim Davis, Charlene Tilton e Steve Kanaly.
CBS (EUA) Rede Globo/Rede Bandeirantes (Brasil).
Transmissão original: 1978-1991.

As Panteras (*Charlie's Angels*)
Criado por: Ivan Goff e Ben Roberts.
Elenco: Kate Jackson, Farrah Fawcett, Jaclyn Smith, Cheryl Ladd, Shelley Hack, Tanya Roberts, David Doyle e John Forsythe.
ABC (E.U.A.) Rede Globo/Rede 21.
Transmissão original: 1976-81.

Se você quiser enviar comentários, sugestões ou críticas envie um e-mail para: brevehistoriadamoda@gmail.com

Sobre A Autora

Denise Pollini formou-se em Artes Plásticas pela FAAP, é mestre em Artes pela Universidade de São Paulo e conclui seu doutorado, na mesma universidade, com o tema *Teatro e moda, um só palco: a apropriação de elementos teatrais pela moda contemporânea.* Coordenou o Setor Educativo no Museu de Arte Brasileira da Fundação Armando Álvares Penteado, ministrou os cursos *Moda e joalheria no século XX* e *História da indumentária e suas joias*, ambos realizados no Atelier California 120 em São Paulo. Também foi assistente de curadoria da exposição *Metamorfose do Consumo*, no Instituto Itaú Cultural de São Paulo, com curadoria de Cyro del Nero, a partir do assunto: *Moda no Brasil promovida pela Rhodia/ Fenit nos anos 60.*